壹嘉 · 読道书系

存
004

-为简体中文阅读留存一些有价值的文本-

出版
壹嘉 × 読道社

联合出版

中国到底是什么社会？

中国经济算什么经济？

我们到底是谁？从哪里来？往哪里去？

吴思

历史学者。1957 年生于北京，上山下乡时当过大队副书记兼生产队指导员。中国人民大学中文系毕业。曾任《农民日报》总编室副主任、《桥》杂志副社长兼中文版主编、《炎黄春秋》杂志常务社长兼总编辑、北京天则经济研究所理事长。

著有《陈永贵：毛泽东的农民》、《潜规则：中国历史中的真实游戏》、《血酬定律：中国历史中的生存游戏》、《我想重新解释历史——吴思访谈录》等书。

顶残

中国市场和产权的构造及逻辑

吴思　著

出壹嘉版 × 读道社

壹嘉出版

1 Plus Books

https://1plusbooks.com

読道社

https://yomimichi.com/

作者：吴　思

书名：顶残：中国市场和产权的构造及逻辑

Copyright © 2025 by 吴思/Si Wu

2025 1 Plus Books® 壹嘉出版®

Paperback Edition

Published and Printed in the United States of America

ISBN: 978-1-966814-05-4

出版人：刘雁

定价：$19.99

San Francisco, USA , 2025

https://1plusbooks.com

email: 1plus@1plusbooks.com

我的困而知之

我生于 1957 年，今年 67 岁了。在 30 多年的职业生涯里，两年在农村人民公社当大队副书记兼生产队指导员，十年在《农民日报》当编辑记者，两年在《桥》杂志当副社长兼中文版主编，十七年在《炎黄春秋》杂志社当执行主编、总编辑和常务社长，四年在天则经济研究所当理事长。

《炎黄春秋》是一本关于中国现当代史的民办杂志，与同类相比，当时在中国的影响力数一数二，2016 年被官方接管，寿终正寝了。天则经济研究所是一家民间智库，2017 年在宾夕法尼亚大学发布的世界各地智库排名中居于 103 位，2019 年被官方取缔了。我的手臭，我主持过的四五家机构都不得善终。

我出过的三本关于中国历史的书：《陈永贵：毛泽东的农民》、《潜规则：中国历史中的真实游戏》、《血酬定律：中国历史中的生存游戏》。每本书的销路都不错，可惜《陈永贵》和《血酬定律》不让再出了。

我写作计划中第四本书，应该叫《官家主义：关于中国历史的一个模型》。"官家主义"这个概念是我独创的。借助这个概念，复杂漫长的中国历史，可以看作一种简明的逻辑结构的展开。这个模型，我断断续续做了20年，大升级五次，小升级无数。涉及官家主义经济体制时，我一度陷入一知半解的茫茫昏暗，史料多得令人生畏，我也徘徊踌躇，不敢动笔。2020年，迷茫被一个简单问题砸中击穿，这个问题引出的一连串问题吸引我追踪了三四年，最后的成果就是眼前的这本《顶残》。

第一个人生困惑和第一本书

年轻的时候，我对历史不感兴趣。我的本科专业是中国文学。深入中国社会后产生的人生困惑一步一步把我引向了历史。

我的第一个人生困惑是关于"人民公社"或"公有制"的。

1976年初，我高中毕业，到农村人民公社"插队落户"。这是毛泽东时代的专有名词。许多当时的专有名词已经随着本体构造的消散逐渐被人遗忘。年轻读者不妨把毛泽东时代的中国想象为一所大兵营，在农业战线，农村人民公社好比一个团，下边的生产大队是一个营，生产小队是一个连——五六十户人家，二三百人。城市的工商业战线缺乏就业岗位，城市中学毕业生就像新兵一样被派遣到农村的生产队里插队落户，这叫"知识青年上山下乡运动"。卷入这场运动的大约有 1800 万中学毕业生，我就是其中一个。

当时农业战线最著名的团队是山西省昔阳县大寨公社大寨大队，领导人叫陈永贵。他能让社员认真干活，"斗私批修"，擅长启发农民的"社会主义觉悟"，他自己也带头苦干，在大寨的山坡上修建成一排排长城一般雄伟壮观的梯田，粮食大增产，他也被提拔为中国主管农业的副总理。共产党和毛主席告诉我们，只要认真学大寨，中国农村就会繁荣起来，一代道德高尚的社会主义新人也会成长起来。有心人还能看出一句潜台词：立功者受赏，可能像陈永贵那样飞黄腾达。

我很想建功立业，但有一大困惑：官方描述的情景和许诺的前景，和我实际看到的大不一样。我在农村看到的实际情况是：公社社员在公家的地里普遍偷懒，在自家庭院和自留地里才认真干活。全面怠工导致农民穷得吃不饱饭，我们都吃不饱。我后来当了生产队指导员，近似农业产业军的连指导员，但我再怎么带头苦干，再怎么宣传启发鼓动，也不管多大用。农民照样在公田里偷懒。按照党中央毛主席的说法，情况应该正好相反。

我问一位老贫农为什么不好好干活，他反问我：有我多少？我说你是集体的主人啊，劳动果实都归你。他不回答，根本就不理睬我。在普遍怠工的氛围中，我看不到任何乐观前景。大寨之路似乎走不通。我估计，世界各国的国营企业都在不同程度上存在类似的问题。后来，毛泽东去世，邓小平改革开放，把公家的土地分到各家各户，在自家的土地上，"自作自受"了，农民立刻好好干活了。农业大丰收，全国人民都能吃饱了。

我想理解自己的失败、毛泽东的失败、大寨和陈永贵的局部成功和全局失败，于是追究历史，用两年时间写了一本陈永贵传记，大致了解了毛泽东时代的农业政策史和人民公社史。我的困惑和个人失败第一次把我引向了历史。

历史告诉我什么了？传记是用事实和故事解答困惑的。如果非要提炼出一句话作为答案，这句话就是：财富创造与自由正相关。自由在此的定义是：在不损害他人的条件下"自作自受"，多干多得，少干少得。这就是说，在经济领域，自由是一种约束条件下的激励机制。

那位老贫农问我，有他多少？我用官方灌输给我们的集体主人翁之类的大话回答他，他不理睬我。十多年后，有了一点西方经济学关于"集体行动"和"搭便车"的知识，我才明白，我们生产队有 57 户人家，劳动果实大体由 57 户均分，我们刨土翻地播种，57 镐只有他家一镐，反过来，他少刨 57 镐只损失一镐。这种"自作而他受"的制度很有力地激励偷懒、惩罚勤劳。干部带头苦干或许可以感召一些人多刨两镐，思想教育和道德鼓动或许可以激励另外一些人多刨十镐八镐，阶级斗争和各种批评处罚或许可以迫使更多的人多刨二三十镐，但"自作自受"的缺口仍然难以补足。

再说，干部又不是地主，多打的粮食也不归自己，管理者凭什么多刨几镐还要去批评人得罪人？职务升迁可以激励国企的官僚代理人，但国企管理人的责任心远不如民企老板。更何况，中国农民户口不能"转干"，大队书记与公社书记之间隔着一道身份鸿沟，只有极个别陈永贵式的明星能跳过去，升官激励的效力还比不上国企。

总之，这套激励机制层层有缺，不能形成闭环。陈永贵的成功表明，短期内局部缺口是可以用非经济手段填补的。大寨模式的失败表明，长期大范围填补缺口近乎乌托邦之梦。共产党和毛主席说得再美好，再高尚，实际结果都是大面积的怠工和贫穷。

"财富创造与自由正相关"，这句话，我称之为"自由定律"。写完陈永贵传记17年后，我奉命写一篇纪念改革开放三十周年的文章，再次追究毛泽东在经济领域的失败和邓小平的成功。这些共产党的领袖气魄惊人，拿中国做社会主义试验田，拿几亿民众当小白鼠。试验的规模如此之大，试验时间持续了一两代人，试验报告呢？我细读官方文件和高官讲话，好像回顾试验前提出的假说、预言、许诺和结果，试图补写一份试验报告。在这份试验报告里，我提炼出的最重要的结论，就是自由度与财富创造的这种相关性。相关度有多少呢？在当今世界，相关度将近80%。这个论证过程说来复杂，以后有机会再细说。

以上就是我的第一大困惑和第一本历史书的来历。

第二个人生困惑和第二本书

我的第二大人生困惑是关于中国社会真实运行规则的。

1982 年，我大学毕业之后到《农民日报》当编辑记者。当时人民公社制度正在解体，农田分到一家一户。公有产权转向私有了，农民认真干活了，但市场制度尚未建立健全，计划经济转向市场经济刚刚起步。在这种体制下，农民生产的大部分粮食必须以低价卖给国家，与此相应，农民到供销社也可以低价买到化肥。两者的数量挂钩。但这只是名义上的规定。《农民日报》的读者来信说，他们按规定交售了低价粮食，却买不到低价化肥。大部分低价化肥都流到市场上卖高价了。

我们三个记者追踪调查了一个月，发现农民说得对，政府明文规定的正式规则并不管用。在计划经济体制中，中央政府掌握了全国的化肥资源，按计划分配到各省市县，哪个省市县收购的低价粮食多，分到的低价化肥也多。但每一层官僚都会把自己掌握的一部分化肥批给自己的亲朋好友。谁能批，谁不能批，什么官能批多少，占多大比例，都有一套官场内部的规矩。如此层层批下来，农民在供销社里就见不到低价化肥了，绝大多数化肥是在自由市场上用高价买到的。后来，追踪化肥流向的报道发表了，还获得了当年的全国好新闻奖，中纪委和商业部也介入调查了，批条子的一位官员还被撤职了，重申了制度规定，但是，多年之后，条子依然在批，官方规定依然不管用。

从局部看，我成功了，好比陈永贵的局部成功。从全局看，我失败了，好比大寨模式在全国的失败。当时我的困惑是：这个社会到底是怎么回事？我实际看到的规矩与政府的明文规定，差距如此之大，生命力如此顽强，莫非，从古至今的中国社会，在政治经济各个领域，都是这种情况吗？中国社会真实的运行规则到底是这么？怎么称呼它们？它们又是怎么产生、怎么改变、怎么消失的？

如果写新闻报道，弄清楚一件事或许要好几个月，从头到尾跟踪下来或许要好几年，还会遇到各种政治经济障碍。如果在历史中寻找答案呢？几个月的时间，足够我看清楚某个领域的真实规则的生死轮回。这种性价比优势，再次把我引向了历史研究。中国的历史记载非常丰富，官方的私人的都有，一辈子也读不完。我就钻到这些记载里了。这一轮研究用了我四五年的时间，成果是我杜撰的一个汉语新词"潜规则"，还有十几篇相关文章。

所谓潜规则，就是一套不能明说的规矩。不明说，因为这套规矩既不道德也不那么合法。在中国历史上，在很大程度上，正是这套规矩，而不是官方冠冕堂皇宣布的种种法规，支配着社会运行。但这套不明说的规矩到底是什么，怎么产生的，一直没有专著讨论过。《潜规则》是2001年年初出版的，风行一时，第二年被禁，2009年出了修订版，至今销量超过百万册。潜规则这个汉语新词，2001年底，谷歌搜索只有550个结果，现在百度搜索超过一亿。由此看来，我的困惑，我在表达时遇到的词语困难，其实也是中国人普遍存在的困惑和困难。我给出的答案，也成了大众广泛接受的答案。

第三个困惑和第三本书

我的第三个困惑是造就潜规则的力量。直接说最后结论：那就是暴力。

刚才说了化肥分配的潜规则，大致是依据资源掌握者权力的大小批出大大小小的条子。这是依据权力大小截留中央承诺给农民的利益。另外一大类潜规则，不是截留中央政府往下分配的利益，而是各级官员依据他们盘剥底层民众的能力大小，搜刮民众获取利益。例如，按照法律规定，农民上缴的皇粮占产量的 3.3%，但实际征收的数量有时竟高达十倍。这种法规与现实的悬殊差距不仅见于历史记载。1999 年 -2005 年，我两次参加全国两个省四个县 300 家农户的调查访谈，坐在农民家里一笔一笔地细算，中共中央三令五申农民上缴的税费不得超过总收入的 5%，实际上普遍达到了 20-25%，高出四五倍。

潜规则既不道德又不那么合法，为什么如此大行其道？因为收税合法，抗税有罪，古代不按时交钱粮可以打板子催逼。官吏用斗收粮，可以淋尖、踢斛、加征鼠耗、仓库保管费等等，这些手段一起上，多收百分之三五十很容易。还可以每天只收三四个小时，让远道而来的农民排队数日，为了省时省钱不得不行贿托人早收。这类手段在历史记载中可以找到数十种。我把官员利用这些合法或不必违法的手段多收税费的能力，称为合法伤害权。更准确的说法是"低成本伤害权"：谁不按时完粮纳税，就抓到衙门里打一顿板子。隔上五天十天再催再打，这一切都是合法的。借助这些国家权力，代理人乘机受贿、多收、多罚款，还可以搭合法之车乱收费。农民反抗官府的成本很高，风险很大，成功率很低，于是低头认账，潜规则由此形成。

　　那么，合法伤害权是怎么来的？统治权是怎么来的？在中国两千多年轮回登场的十几个王朝里，政权的更替全凭武力。用中国古话说，就是"打天下坐江山"。用毛泽东的话说，就是"枪杆子里面出政权"。一个暴力团伙流血拼命，扫清敌手，打天下坐江山，然后立法定规，获取利益。

　　如何称呼这种收益？劳动要素带来的收益叫工资，土地要素带来的收益叫地租，资本要素带来的收益叫利息。暴力要素带来的收益叫什么？汉语里没有这个词，但确实有这种东西，我就自己造了一个汉语新词：血酬。中国土匪的江湖黑话称钱为"血"，我办杂志，每个月发稿酬，于是我把这两个字合并起来，这就是血酬。血酬就是流血拼命暴力掠夺的收益。

　　什么时候会有暴力掠夺呢？在暴力掠夺的收益大于成本的时候。这就是血酬定律。这里涉及生命与生存资源的关系的换算，涉及流血拼命与流汗劳动的关系的换算，还涉及良心和价值观与成本收益的关系，这里不细说。我想强调的是，在追究潜规则形成背后的力量、深入分析潜规则形成的成本和收益的时候，我看到了血酬，找到了血酬定律。2003 年，我写成了一本书，对中国历史上的一些事件做案例分析，描述了血酬定律在各个领域的表现，书名就是《血酬定律：中国历史上的生存游戏》。这本书和《潜规则》一道，在 2008 年入选中国改革开放 30 年的 30 本书，在 2018 年又入选改革开放 40 年的 40 本书。但《血酬定律》比《潜规则》更深入一些，十多年前已不让再印。

第四个困惑和第四本书

我的第四个困惑是：中国到底算什么社会？换个大问法：我们到底是谁？从哪里来？往哪里去？写完《潜规则》之后，我好像戴上了一副眼镜，通过这副眼镜看到的中国，大不同于官方描述的中国。写完《血酬定律》之后，我好像有了一架 X 光机，通过 X 光透视看到的中国，古往今来的内脏和骨骼结构居然一样。对比欧洲，对比俄国、中亚、西亚和南亚这些所谓的"东方专制主义"国家，中国却有许多重大的不同。由此产生的困惑是：对比欧洲的绝对主义，从西亚到南亚的专制主义，中国应该如何称呼？

2004 年，《血酬定律》出版的第二年，我找到了一个词，这就是"官家主义"。20 多年来，我断断续续地追究官家主义在各方面的表现和特征，最后成果就是《官家主义：关于中国历史的一个模型》。

前边说了，《顶残》只是官家主义模型中与经济制度建构有关的部分，属于官家主义大树的经济分枝，为了模型的完整不能不写。

在中国经济史领域，西汉桓宽的《盐铁论》是绕不开的存在，我对官家与盐商和私盐贩子的三方斗法也很感兴趣，隐约闻到了潜规则和血酬定律的味道。但这种兴趣与以往的困惑不同，缺乏个人失败的痛感和经验基础。2020 年的一天，我和卖书的朋友聊天，听到书号大幅削减和出版市场"总量控制"的几个数字，一个问题猛然砸中了我：这叫什么市场？电光一闪，几十年在媒体领域的摸爬滚打、一次又一次失败、种种个人经验，突然与流行的经济学理论和古代经济史联系起来了。顺着这条路，我可以在个人经历中理解官家、盐商和私盐贩子的三方斗法，也可以在汉武帝的盐铁垄断之中看到我亲身体验过的统购统销和媒体管制，还可以拿实际经验对比考察西方经济学的概念和理论。如此简单的问题，如此明显的联系，这么多年我怎么都没想到？真所谓骑驴找驴，骑马找马，天安门前找北京。"困而知之"甚至"困而不知"的三等钝才 [1] 就是这样吧。

"认出北京"之后，我从最熟悉的出版市场切入，以切身体验支撑，追溯以往，古今互证互补，一发不可收拾，将计划中的五六千字写到了六万多字。眼看官家主义的经济分枝比树干还粗大了，不成体统，于是先截下来发表。2023 年 7 月，首发于台湾的《思想》杂志，后来又补充了三万多字，将一篇长文做成了眼前的这本小书。

第五大困惑和未来的第五本书

我现在的困惑，第五大困惑，就是中国未来会怎么走。这是当代很多中国人心中的大困惑：一个专制甚至独裁的政权，怎样才能完成宪政民主转型？指望这个政权主导转型，自己革自己的命，岂非与虎谋皮？在逻辑上如何可能？至于民间主导转型，在民众温饱

1　孔子曰：生而知之者，上也；学而知之者，次也；困而学之，又其次也。困而不学，民斯为下矣。（论语·季氏）

问题已经基本解决的条件下，面对高科技武装起来的政权，一个对民众运动严防死守、露头就打的政权，在逻辑上又如何可能？

要解答这些困惑，必须深入分析中国社会的结构和问题，还要对照中国历代王朝兴衰循环，对照世界各国的转型史。官家主义模型恰好提供了便于深入分析和全面对比的框架。借助这个框架，我理清了官家主义转型的逻辑，解释了中共主导的经济体制改革，还得出了一个自以为逻辑严谨的结论或预测，即中国宪政民主转型的前景非常乐观，在一两代人的时间内，官变或来自上层的革命是大概率事件。

对于第五大困惑的全面深入的分析讨论，属于《官家主义》专著的内容，这本专著尚未完成。本书编辑张适之先生建议我介绍一下官家主义模型，简笔勾勒那棵长出顶残式经济分枝的大树。2023年，我在德国海德堡大学做过一次演讲，介绍官家主义模型，讲稿篇幅不过七八千字。遵照编辑建议稍加增删，代为本书后记，还可以看作《顶残》的中国史及世界史背景。

我到底在折腾什么

写这篇序言的时候，我读到一段"拆解人工智能的底层逻辑"的文字："在人工智能眼中，收到的信息并不是人类语言所呈现的形式，而是一种数学模型。如果把人工智能看做一种生命体，那么在它的意识里，万事万物，每一个概念，都是一个立体多维坐标中的某个点。"[1] 我忽然意识到,我所杜撰的概念,所做的历史描述和分析,其实都在辨析立体多维世界中的"某个点",确认文明进化树上某个枝杈某片树叶的坐标,再给它取个名字——假如旧名不妥的话。定律和公式之类,就是点与点之间的连线,好比连接叶片的枝条。

我辈幸也不幸,生在思想管控空前严厉的时代,校内外所学纯是官方理论,而所学与所见往往相悖:柳叶名下见到的却是松针,明明是松枝却标为藤条。于是,大半生的纠结困惑,几十年的注意力,化为几本不受官方待见的小书——在 AI 眼里,不过是某套坐标系中几个小点和几道连线的增补修改。

"百年三万六千日,翻覆元来是这汉。"[2]

这就是我的天命?

但愿后来者比我们的起点更高,命运更好。

2024 年 9 月

1　万维钢:《拐点——站在 AI 颠覆世界的前夜》,台海出版社,2024 年 5 月。本段文字来自作者对该书第一章第四节"语义几何学"构想的简介。

2　(宋)赜藏:《古尊宿语录》,卷二十二,法演和尚自述真赞。

目录

自序·我的困而知之 ... 001

第一部分

我们是谁：

中国市场和产权的特色及命名

第一章　中国市场和产权的特色及命名 ...2

第一节　市场案例："三刀两补" ...2

第二节　产权案例："两界多层" ...6

第三节　中国特色经济命名：官控经济系列 ...11

2

第二部分
我们从哪里来：官控经济的演变

第二章　品级市场及其演变 ...20

第一节　品级市场演化大略 ...20

第二节　品级市场的当代形态 ...52

第三节　官市公式和改革开放定律 ...59

第四节　"鸟笼经济" ...63

第五节　顶残市场 ...64

第六节　贩私和投机倒把罪 ...66

第三章　品级产权及其演变 ...69

第一节　品级产权的当代形态 ...70

第二节　品级地权演化大略 ...82

第三节　历代土改 ...98

第四节　当代土改 ...104

第五节　私有产权待遇的U形变迁 ...126

第六节　产权边界解析 ...128

第四章　官控经济的三大类型 ...133

3

第三部分
官控经济的演变逻辑

第五章　品级利权建构公式 ...136

第一节　制产公式 ...136

第二节　品级产权建构公式 ...139

第三节　品级利权建构公式及其升级 ...149

第六章　官控经济三定律 ...152

第一节　官控经济第一定律：官家收益最大化 ...152

第二节　官控经济第二定律：代理人收益最大化 ...157

第三节　官控经济第三定律：政治决定经济 ...161

第四节　官控经济定律与市场规律 ...164

4

第四部分
权力是谁

第七章　权力是谁：俄罗斯套娃的比喻 ...166

第一节　元权力 ...166

第二节　欧洲元权力的格局及其演化 ...167

第三节　官家套娃：中国老权力的转世重生 ...169

第四节　两种权力，两种国家 ...178

5

第五部分
总结和展望

第八章　总结提炼整合 ...182

第一节　回顾 ...182

第二节　提炼整合 ...183

第三节　官控经济定律与经济增长理论 ...189

第四节　人类学视角的回顾 ...192

第九章　危机与展望：官家主义政治经济学 ...194

第一节　三种经济及经济学 ...194

第二节　双料过剩危机 ...196

第三节　危机就是约束 ...200

代后记 · 官家主义：中国历史模型及其推演 ...203

1

第一部分

我们是谁

中国市场和产权的特色及命名

1 第一章
中国市场和产权的特色及命名

第一节 市场案例："三刀两补"

我先介绍一种很有特色的市场，请诸位给这种市场想个名字。

据业内人士介绍，2018 年，中国大陆出版图书的品种约 50 万，达到历史峰值。官方认为数量太多，重复出版严重，要进行"总量调控"。于是，2019 年减少书号约 10 万，2020 年又减 5 万，2021 年计划再减 5 万，但各出版社叫苦，没有完成。2022 年之后出现反弹，回到 37 万左右。

书号，就是在封底可以看到的国际标准书号（ISBN）后边的那一串数字，由国家新闻出版广电总局分配给各个出版社，一本书一个号。中国政府把国际通用的图书识别和检索手段用于市场准入控制，没有书号就不许进入市场。

削减书号，导致黑市价格暴涨。民间书商原来四、五千元即可买到的书号，2021 年涨到四万左右。原来能在市场上打平手的书，增加了这项成本，现在要亏损了。

我们看到，出版市场挨了政府一刀，总量砍掉四分之一。此外还有第二刀和第三刀。

第二刀砍向敏感内容。

出版界有许多敏感地带，例如有关党和国家主要领导人的选题，涉及文革、党史、军史、民族、宗教、港澳台、苏联东欧和国际共运史等方面的选题，总共十五类，都在重大选题之列。重大选题必须上报备案。[1] 名曰备案，因为"审批"的说法违背宪法第 35 条有关出版自由的规定。不过，在实际运行中，未见管理部门的批复就不能印刷，出版环节的备案制度，在印刷环节中悄然转化为审批制度。[2]

2013 年之后，敏感地带不断增加扩展。有的领域越管越严，几乎什么书都出不来，成了禁区，例如文革题材。2018 年中美贸易战开打，次年，原本获准翻译出版的美国书也出不来了。

在权力大刀砍掉四分之一的市场版图上，我们看到，刀凿出来的 15 个斑点空洞，随着权力意志增减缩放：读者需求向权力让位，"看不见的手"向"看得见的手"让位，新知识新见解向

---

1 《图书、期刊、音像制品、电子出版物重大选题备案办法》，《期刊出版工作法律法规选编》，第 618 页。中国大百科全书出版社，2008 年 3 月第 2 版

2 《关于加强和改进重大选题备案工作的通知》，《期刊出版工作法律法规选编》，第 623 页。中国大百科全书出版社，2008 年 3 月第 2 版

意识形态安全让位。连连让位之后，出版内容的色调转红，歌功颂德成了主旋律。

第三刀砍向市场主体。

国务院规定："非公有资本不得投资设立和经营通讯社、报刊社、出版社、广播电台、电视台"，也"不得经营报刊版面、广播电视频率频道和时段栏目。"[1]

按照出版管理条例的规定，国营主体创办报刊和出版社必须有主办单位和上级主管单位。上级主管单位，俗称婆婆。在中央，婆婆必须在部级以上。在各省市自治区，必须在厅局级以上。没有权势婆婆认领，国营主体也不得入内。

在市场主体方面，除了限制民间出版者，还限制敏感作者。近些年来，市场禁入的作者黑名单越来越长，部级离休高官李锐也自称"敏感作家"。宪法规定公民享有的言论出版自由，遭到精确到人的秘密清除。

三刀之外，还有"两补"：补贴特权主体和特权选题。

来自权力中心的出版单位和出版物享受特殊优惠和补贴，如《人民日报》等中央报刊。权力重视的领域和主体，例如《农民日报》，也享受特殊的政策优惠。补贴方式，有基本建设投资，有工资或亏损补贴，还有党费、团费、工会费之类的公款订阅。

除了补贴市场中的特权主体，还补贴特权选题，例如各种红

1　《国务院关于非公有资本进入文化产业的若干决定》，《期刊出版工作法律法规选编》，第388页，中国大百科全书出版社，2008年3月第2版

色选题。这方面的出版物，一进新华书店就扑面而来，显示了鲜明的政策导向。

更宽泛地说，中央各种产业政策给出的优惠，都可能以项目费的方式进入补贴，优惠补贴的范围也不局限于出版市场。如支持新能源开发，地方政府招商引资给出的税费减免承诺，甚至官员个人私下提供的种种照顾，都可以列入"两补"范畴。

"三刀"之下，自由市场的规模缩小了，内容单调了，供给方身份单一了，市场因而残缺了。"两补"之下，权力硬挺的市场弱者崛起了，市场因而畸形了。权力介入越深，残缺或畸形越重。

当然，相对文革时期，"三刀两补"市场已是改革开放的市场。改革开放前的刀更多更大，市场规模更小，内容更红更单调，市场准入主体也更少。如今主要限制供给侧，很少限制消费者，改革开放前不然。北京有几家书店设了内部小店，只有达到一定级别的干部才能凭证件进去。把守松懈时我进去转过，见到一些市面没有的海外图书。新华社的《参考消息》编发海外报刊的消息评论，如今摆在大街报摊上，当时内部发行，文革前县团级以上干部才能订阅。这就是说，消费方头上本来还有第四把刀，如今四刀减为三刀，下刀的力度也弱了。

这里的理论问题是：这种市场应该叫什么市场？"三刀两补"可谓诨名外号，请问学名？

第二节 产权案例:"两界多层"

一,"中经报联"案例

前边说到"三刀两补"的第三刀砍向民营主体。如果民营主体想进出版领域赚钱,又该如何应对?常见办法之一是:冒充国营主体,戴上"红帽子"护身。这方面有一个著名案例。

《中国经营报》和《精品购物指南》其实是民办报刊,合称"中经报联",上世纪九十年代戴红帽子挂靠在中国社会科学院工业经济研究所。1985 年,王彦先生从政府辞职下海,个人投资5000 元,创办《专业户经营报》,几经更名,改变挂靠单位,换婆婆,越做越大,1999 年"中经报联"广告收入高达两亿,资产估值数亿。九十年代末期,报社因股份制改造发生内讧,告状信到了中宣部领导手里。

1999 年 7 月,新闻出版署、财政部和国务院机关事务管理局联合发函,宣布报刊出版主体只能是全民所有制单位,私人投资视为借贷关系,按照同期银行利率还本付息,[1] 数万元就拿走了创办人 15 年的投资经营成果。官方撤销了王彦的社长职务,任命了新社长,主办单位社科院工经所鸠占鹊巢。

---

[1] 《关于 < 中国经营报 >< 精品购物指南 > 报社产权界定的函》,《期刊出版工作法律法规选编》,第 846 页,中国大百科全书出版社,2008 年第 2 版

二，官民分界

估值数亿，仅给数万，强行低价清退民间股份，这是公然歧视并侵犯私人产权。在这个案例里，成千上万倍的差距，反衬出国有产权主体的特权价值。

这种特权如何估值？很容易设想，"中经报联"愿意为报刊特许经营牌照支付租金。至于具体数额或比例，按照理论推测，扣除租金之后，只要剩余利润能达到市场上的平均利润即可。事实上，中经报联之类的民间经营主体每年也会向"挂靠"的主管主办单位交一笔管理费。各种维护关系的物质和精神付出，也可以看作牌照租金。反过来说，主管主办单位也可以像地主吃地租那样靠这笔钱过日子。我熟悉的一个高级单位，主要就靠挂靠单位上交的管理费过日子。

因东家翻脸或政策变化导致的关系破裂，由此造成的风险和损失，显示出另一种估值方式，即初始投资的银行利息与报刊实际价值之间的差额——官方扔出数万元拿走的价值数亿的报刊之间的差额。推而广之，这种估值方式，这笔差额，等于任何成功企业家在这段时期经营创新的全部价值。

其实，这种处理方式还算温和的，颇有改革开放的宽容风范。在官家大刀砍出来的地盘上，对付潜入者，历史传统是重刑加没收。例如，在官家专营的盐业里，未经许可的民间运销属于"私贩"，货物属于"私盐"，冒充合法身份属于"诡名"，明朝的处罚标准是"杖一百、徒三年、盐货入官"。[1]

官民产权性质不同，进出各种市场的权限也不同，各种待遇有很大差别，可谓"权有差等"。官民两界的大区分，可以直接将民间资本隔离在外。在官家界内，不同单位的性质不同，也有不同的待遇。

按照官方分类，《中国经营报》是公益三类事业单位。所谓公益三类，即企业化管理，自收自支，无财政拨款。所谓事业单位，即政府利用国有资产设立的、从事教科文卫等活动的社会服务组织，产权属于国家，未必有盈利目的。公益二类事业单位，例如《人民日报》，财政差额拨款，亏损由政府补贴。公益一类事业单位，例如博物馆和公共图书馆，财政全额拨款。

"中经报联"案例，就是民间主体，戴上红帽子，冒充"公益三类事业单位"，"诡名"潜入了官家垄断的"三刀两补"出版市场，被强行驱离然后昭告天下的故事。

三，出版市场中的权利等级

现在把视野从单一案例扩展到整个出版市场。在"三刀两补"市场中，不同主体的权利，可以跟着权力分出许多等级和领域。

中共中央政治局至高无上，想办多少媒体就可以办多少，没

---

[1] （明）雷梦麟《读律琐言》，私盐处罚见第 186 页，势要诡名处罚见第 190 页。法律出版社，2000 年第 1 版

人敢对中央动刀；想补贴谁就补贴谁，钱袋子就在自己的控制之下。中共中央言出法随，不合法的也可以让它合法起来。至于其下属的省部级单位，各自有权设立一报一刊和一家出版社，超出限额便要申请特批。县级党政机关在不给上级财政添麻烦的条件下可以办报，但不能办出版社。

中央领导人的著作，由中国出版集团的人民出版社出版。少数民族文字的出版物，应该由民族委员会下属的民族出版社出版。教委系统的出版社出教材名正言顺，其它系统的出版机构要染指分肥，必须采用打擦边球之类的手段，例如编写课外辅导书。

改革开放之后，出版市场和许多市场一样开了口子，冒出了一些民办书店和民营书报摊。2005 年，加入世贸组织之后，集体和公民个人获准从事书报刊分销，成立发行公司，进入发行销售环节，俗称"二渠道"。主渠道，即国有出版社发行部至国有新华书店的传统流通渠道，拥有各种特权和丰厚资源，但二渠道的边缘主体和边缘市场更有活力，效率更高，发展速度更快，成功者还能成为上市公司。二渠道和民营网站一起，逐步将主渠道边缘化了。这种后续故事，是官市与民市并存，由于市场主体活力不同而此消彼长的故事。

四，再问姓名

和"三刀两补"的市场结构近似，我们看到了"两界多层"

的产权结构。"两界"指官和民，官界在上，民界在下，并不在一个平面上。上界和下界都是多层的，我们在官界看到的"多层"产权不仅指公益一二三类，还包含条条块块和不同行政级别等多种维度的政治经济差别待遇。与产权一致，市场也有"两界多层"之分。"三刀两补"的出版市场和央企"三桶油"垄断的燃油市场属于一个世界，古称"官市"。自由开放的民间市场属于另一个世界，古人早有"草市"之类的概念。

这就是说，宪法固然承诺了出版自由和权利平等，但事实上的高低不平长期存在，随处可见。我们不得不深入分析这种权力建构的不平等，追问这种不平等的构造姓甚名谁。真实结构的奇形怪状，召唤我们寻找更确切的表述方式，将复杂的现实结构概念化。

第三节　中国特色经济命名：官控经济系列

一，市场和产权的命名

"三刀两补"市场是残缺市场，相关的产权主体也挨刀致残，残缺市场及残缺产权[1]即是一种命名。反过来看，残缺部分是由权力制造或填补的，那么，特权产权和权力市场也是不错的命名。杨继绳先生干脆称当代中国经济为"权力市场经济"。

不过，权力介入和市场残缺是有差等的，既有权力深度介入的市场，也有权力不屑介入的市场，例如利润微薄且无关政治安全和社会稳定的锅碗瓢盆市场。权力浓度从高到低，造就了高残市场、低残市场和常态市场。假设常态市场的开放度超过 60 分，高残市场的开放度可能还不到 20 分。这是 1–100 分的连续分布，一言以蔽之曰"残缺市场"或"权力市场"，并不能描述这个连续体。

费孝通先生用"差序格局"的概念描述中国乡土社会：以自家为中心，亲属关系和地缘关系如同心圆展开，远近亲疏呈差序结构。套用此意，以"差序市场"和"差序产权"描述当代中国

1　产权残缺（the truncation of ownership），即完整的产权权利束中部分缺失，是制度经济学家德姆塞茨 1988 提出讨论的。但这种缺失主要来自契约而不是权力强制，并非特权产权的反义词。

整体的市场和产权结构，应该比权力市场、残缺市场和残缺产权之类的概念更加客观中性。

中国的差序市场和差序产权具有鲜明的品级特征。好像官员从一品到九品一样，产权至少可以分为央企、地方国营、县级大集体、乡镇小集体四品。民企和个体户没有官品，没有特权，属于品外。品外号称是编户齐民待遇，其实士农工商的权利待遇仍有差等。编户齐民之下还有贱民和走私犯，权利要用负数描述。这种有官有民、品级鲜明的产权可谓品级产权，这种市场可谓品级市场。

例如燃油市场，原石油工业部等部级权力分解重组，改挂中石油、中石化和中海油等部级央企牌子之后，建构了国字号的寡头垄断市场，位居一品部级。出版市场更复杂一些，依据条条块块划分品级。如果说《人民日报》享受了发行订阅的一品部级待遇，《河北日报》或《农民日报》享受了二品局级待遇，《石家庄日报》或《中国渔业报》最多只能享受三品处级待遇。最低是四品科级待遇，例如《慈溪日报》和《余姚日报》。中国传统的看法是，一品最大，九品垫底，本书顺从这种习惯使用一品至四品的说法。其实，从数字计算的角度看应该反过来，一品最小，零品级和负品级比一品还小，数字越大品级越高。这里的品级用法只求示意，不在数学领域较真。

即使在权力不屑于介入的市场，也不意味着权力不在场。一品、零品和负品级都是权力的设定。或许权力认为介入某些市场的成本大于收益，如竞争激烈的日用杂货，于是"抓大放小"；或许权力没有看见或没有看懂，如最初的网上交易，于是旁观等待，看它长大的样子再做决定。无论如何，差序市场的整个序列，都是权力监督管控之下的存在。

品级市场和品级产权、差序市场和差序产权、残缺市场和残缺产权、特权产权和权力市场，这一系列概念，在一元化领导下的当代中国，从不同角度描述了权力打造的制度成品。反过来说，面对高层权力，中国各个品级的市场和产权都处于任凭敲打侵犯的状态，顶部防卫残缺，可谓"顶残"。

二，经济体制的命名：历史上同类的名号

如何称呼差序市场和品级产权构成的当代中国经济体制？官方的叫法是"社会主义市场经济"。但是，从学术角度说，"社会主义"本身就缺乏准确定义。邓小平多次讲，什么是社会主义，我们并没有搞清楚。引入搞不清楚的大概念，只能增加讨论难度。

还有一个流行于 20 世纪上半叶的概念——统制经济，中国学者用来描述国民党在大陆建立的经济体制，包括上世纪五十年代台湾的经济体制。这种体制"节制私人资本，发达国家资本"，金融、汇率、交通、工矿、电气、能源、军用品等方面均由国家统制，只将民生消费领域向私人企业开放。

统制经济的概念来自德文 Befehls wirtschaft，诞生并实践于第一次世界大战的"总体战"时代。英语直译为命令经济（command economy），汉语则有两个译法，一是常见的统制经济，二是命令经济——见《新帕尔格雷夫经济学大辞典》。格罗斯曼在《新帕尔格雷夫经济学大辞典》中介绍说，这个词最早用于描述纳粹经济。他把纳粹的统制经济和苏联的计划经济统称为命令经济。

在熟悉计划经济的中国人看来，如此混淆是难以忍受的。这意味着国共之战和五十年代大规模的社会主义改造以及邓小平推动的改革开放，从经济体制的角度看来毫无意义。由此也就可以理解，为什么汉语学界不常用"命令经济"，[1]总要用"计划经济"和"统制经济"将命令经济的左端和右端分开。

回到我们的问题：包含了差序市场和品级产权的当代中国经济体制叫什么名字？统制经济，用汉语表达时大意不错。汉语学界默认的统制经济，通常有私营企业，有市场，还有政府的强力控制——国企控制了关键行业和部门，政府控制了银行，决定了重要物品的价格，据此主导经济。当代中国的经济体制正是如此。

1　秦晖先生把毛泽东时代农民战争式的计划经济称为"命令经济"，以区别于苏联的科学理性的计划经济，并说后者的效益远高于前者。这是一种不同于以往的新用法。秦晖此说有理。曾任国家计委秘书长和国务院发展研究中心主任的马洪1980 年说过："单就长期计划来说，三十年来，前后共编过十次，除了第一个五年计划是成功的外，其他九次都落空了。"如此又涉及毛泽东时代的经济体制的命名问题，这属于次一级分类，本书存而不论。

杨继绳的"权力市场经济"概念也很传神。进一步细分，还可以依据权力的浓度，分出一二三级：极权经济即计划经济属于权力浓度最高的一级，权力占有压倒优势；半极权半威权市场经济即统制经济属于二级，自由受到严重压抑，权力统制市场，但市场已经发挥了"基础性作用"；威权市场经济属于三级，部分自由，市场略微占优。

美国传统基金会每年评估各大经济体的"自由指数"，中国从 1996 年-2021 年一直在 50-60 分之间徘徊，属于自由受到严重压抑的经济，位于极权经济所在的"不自由"（低于 50 分）和"部分自由"（60-70 分）之间，大体可以算作"半极权半威权市场经济"，简称"半极权经济"。

"统制经济"的辞典释义中，列举了几个同义词或近义词，例如"中央管理经济"、"官僚经济"和"等级制度经济"。[1] "等级制度经济"就有"品级制经济"或"差序制经济"之意，可以作为差序市场和品级产权构成的经济体制的统称。

请注意上述概念的不同关注：命令经济，包括计划经济和统制经济，强调了经济活动中的强制性，但没有给出主语。谁在发令？谁在统制？谁在计划？中央管理经济、官僚经济和权力市场经济给出了主语，即中央和官家各种权力主体。等级制度经济或品级制经济，则给出了权力建构的结果。汉语中的计划经济和统

---

1 《新帕尔格雷夫经济学大辞典》第 1 卷，命令经济词条，经济科学出版社，1992
  年第 1 版

制经济也给出了命令经济的建构结果——计划经济以高残市场为主，统制经济以中残和常态市场为主。社会主义市场经济特别强调党的领导的作用，同样在命令经济系列之内，目前可见的建构结果近似统制经济。

上述诸多概念，从不同角度或层面描述了当代中国经济体制的特征和由来，不妨长期共存，合作竞争，在思想市场上百家争鸣。

三，官控经济及"亚细亚生产方式"

上述各种概念，都是现代政治经济学术语，描述的也是现代政治经济体制。但是，中国官家古往今来一直深度介入并管控经济，马克思曾用"亚细亚生产方式"描述这个特征，我想打通历史和现实，用"官控经济"这个更一般化的概念概括上述特型。

从先秦的"工商食官"、汉代强化的盐铁专营、宋代推出的榷茶和青苗法，到现代的统制经济和计划经济，再到改革开放后在统制经济范围内的进进退退，都可以看作官控经济演变的不同阶段，这些不同阶段构成官控经济演变的历史谱系。

伴随这个谱系的还有与时俱进的职官和机构，从秦汉的司空和大司农到隋唐之后的工部尚书，从民国的资源委员会到计划经济时代的国家计委，现在则有国家发改委等众多机构和大小官员。

当代的官控经济，内部的管控程度，也呈现为一个连续体：从官办官营到官办民营，从"官督民办"到大小"鸟笼"管制下的民营经济，还要加上官方不管不控的背景形态，例如民间"草市"和私下的零星交易。

"官控经济"的概念，包含了历史时间维度和当代空间维度上差序市场和品级产权的各种组合。

四，中西对比：官控经济与管制型资本主义

从 1945 年至 70 年代初，西方资本主义的主导形态被一些学者称为"管制型资本主义"（managed-capitalism），市场经济受到各种管制和限制，农产品和劳工市场尤其明显，也呈现出差序格局。这种体制不同于自由资本主义，但也不同于官控经济。

官控经济的决策者和管制者是官家集团，即所谓官家主义——打天下坐江山的那伙人说了算，他们通过管控市场经济追求自身利益最大化。管制型资本主义的决策者、管制者和限制者主要是各种产业和职业集团，如农会、工会和商会。这种主张和制度被称为社团主义（corporatism），又译"法团主义"、"统合主义"或"阶级合作主义"。这些民众团体彼此既争夺又合作，通过管控市场经济追求各自利益的最大化。两种制度都在扭曲自由市场经济，但管制的主体和目的不同，扭曲的程度也不同。

三刀两补式的出版市场管控，管制主体是官家，管制对象是民众。美国则不然，公民享有言论出版自由，但禁止政府办媒体，管制对象是权力。美国之音之类的官办媒体，干脆不许进入美国

的国内市场。英国广播公司（BBC）是政府财政资助的公营媒体，实际管控者却是独立于政府的监管委员会，监管委员是代表公众利益的社会知名人士。

不同取向的管制，建构出不同的产权和市场结构。一方是公民把权力关进笼子，同时防范大资本。另一方是大权力把民众关进笼子，同时防范民间资本。如此建构出来的，一方是由权力的等级利益决定的顶残型品级产权和品级市场，另一方是各种公民团体压缩权力并蚕食资本权利的差序市场。

至于自由市场经济的扭曲程度，按照美国传统基金会的评分，中国加入WTO前后20多年属于自由严重受限的经济，长期徘徊在52分上下，同一时期的欧美国家经过新自由主义方向的改革，平均分在80上下，属于自由或基本自由的经济。反过来看，欧美对自由市场经济的偏离度不过20分左右，中国的偏离度超过40分。

第二部分

我们从哪里来

官控经济的演变

2 第二章
品级市场及其演变

第一节　品级市场演化大略

一，源头概览

1，史前时代

史前时代，就是连传说也没有的时代，例如山顶洞人的时代。了解这个时代，可以通过考古挖掘，还可以参考当代人类学家对原始社会的考察报告。

我读人类学家考察原始社会的著作，例如《森林人》、《努尔人》和《安达曼岛人》，很少看到对贸易的描述。

刚果的俾格米人，由三个以上的家庭组成采集狩猎团体，在森林中各个营地之中流动，过着自给自足的生活，偶然用猎物到附近的黑人村庄换取种植园产品。[1]东非努尔人的游牧部落同样自给自足，偶然用牛皮与阿拉伯商人换取鱼钩长矛等铁器，在饥荒时才用牛与附近部落换取谷物。[2]上述交易的对象都是比较高级的文明。

原始文明内部，例如孟加拉湾中的安达曼岛人，连物物交换都没有，但相邻的采集渔猎群体聚会时必定互赠礼物。如果有人索取什么东西，通常都会给，对方也会回赠价值相当的礼物。[3]不过，礼物交换与物物交换毕竟不同，尽管界线相当模糊。

采集狩猎游牧游耕群体的自给自足程度很高，对外界物资的需求很少。个别稀罕之物，还可以通过抢劫盗窃和礼物交换得到。这三种获取方式与贸易行为共生，彼此有替代关系。

哪种行为成为主导，取决于哪种方式合算，取决于这种行为的成本和收益。此后历朝历代，暴力－权力要素是否介入贸易，介入多深，比重多大，也服从同样的逻辑。

2，传说时代

传说时代，就是只有传说，却没有当时文字证明时代。这个时代可能挖到一些考古证据。例如河南偃师二里头遗址，据说是

1 科林·M·特恩布尔:《森林人》，第11页，民族出版社，2008年4月第一版

2 埃文思·普里查德:《努尔人》，褚建芳等译，第106页，华夏出版社，2002年1月第一版

3 拉德克利夫·布朗:《安达曼岛人》，梁粤译，第31页，广西师大出版社，2005年12月第一版

夏代王都，时间也对，但只有王官大殿遗址，并没有文字证据，无法确认。尧舜禹时代都属于传说时代。

二里头王官遗址旁边挖出了大规模"官营作坊区"，铸铜作坊占地 2 万平方米（约三个足球场），绿松石作坊占地 1000 平方米，还出土了大量玉器、陶器和漆器。[1]如果确实是官营作坊，原材料和成品的流通交换当然也会有官方介入。

"官营作坊区"是当代学者的命名，并非当事人的自称。在后世所谓官僚代理人出现之前，官员通常是世爵世禄的世袭贵族，"官营"也可以叫贵族经营。李硕先生认为这些作坊是由某个族群世袭经营的：二里头铸铜作坊有单独的围墙，有大规模人祭，显示出与王城官殿区的文化差异[2]。但无论叫官营、贵族经营、还是酋长率领某个族群经营，经营主体都携带了暴力要素。官府和贵族当然拥有暴力，二里头铸铜族群也在筑墙和人祭行为中醒目地显示了暴力要素的存在。所谓族，在甲骨文中，写为旗下之箭，即一个战斗单位。暴力正是所有权力的核心。暴力深度介入的经济，正所谓"权力经济"。

还有无考古资料证明的传说，如《周易·系辞》说神农氏"日中为市，致天下之民，聚天下之货，交易而退，各得其所"。如此说来，早在三皇五帝时代，权力已参与市场建构了。但市场不

---

1 见许宏等著《考古中国》，二里头之最，中信出版集团，2021 年
2 李硕《翦商：殷周之变与华夏新生》，第三章第三节"有限人祭与二元制社会"，广西师大出版社，2022 年 10 月第一版

比铸铜作坊，很难挖出实物证据。《系辞》也是春秋战国时代的作品，所描述的场面恐怕近似春秋战国时代的城乡市场，未必真与神农氏有关。

无论如何，王朝初期的权力已经参与了市场交易和市场建构，这个说法不仅来自传说，也有一些考古证据的支持。

3，信史时代

既有文献记载，又有考古证据，这就进入了信史时代。

在春秋战国时代，当时的说法是"工商食官"（国语·晋语）——工商行业是吃官饭的。

当时，既有专业商人，也有贵族商人，这两者大概还有重合地带。专业商人的存在证据是《左传·昭公十六年》说到的郑桓公在公元前806年建国时与商人盟誓的故事。按照龙登高先生的说法，春秋时被称为"聚"的农村集市也出现了，但交易分散而零碎，时间地点不固定，战国时期发展为有固定日期和地点的聚市。[1]

工商食官，或贵族经商，也有时代的必然性。龙登高先生解释说："贵族有对奢侈品的需求，他们与市场的关系更密切，商业和贸易也主要由他们来承担，也只有他们才有能力承担。"[2]第一有需求，第二有能力，我们还可以在能力项下补上特有的产品和技术，例如铸造青铜。

1　龙登高：《中国传统市场发展史》，第27页，人民出版社，1997年12月第一版
2　龙登高：《中国传统市场发展史》，第11-12页，人民出版社，1997年12月第一版

总之，在有文献可证的历史源头，我们看到了官民贸易并存的景象。在传说时代，权力已深度介入生产和交换。再往前追，还可以看到贸易交换与抢劫盗窃和礼物交换的共生状态和替代关系。

在中国历史上，权力自身也在进化。权力的控制范围从部落到方国到封建王国再到帝国，越来越大。权力介入的深度和技巧也在进化。官控经济随之演变至今。

更宽泛地说，当代中国的差序市场体系，中国正在接轨的现代国际市场体系，都是权力参与的长期演化和复杂的历史建构的结果。

4，市场宽度与权力参与度

这里需要澄清一个说法：权力参与建构市场到底是什么意思？

现代经济学家都赞成公共权力提供公共产品，例如国防、治安和环保等等。这些东西人人皆可享用，用多用少也对他人影响不大。公共产品并不是白来的，但无法把不交费者排斥在外，于是要通过强制性税收支付费用。公共产品也包括公平的产权和市场制度、良好的社会和市场秩序，公共权力应该参与建构和维护。传说神农氏建构的好像近似这种市场。[1] 这是公平即公正而平等的

---

[1] "好像近似"，这种不确定的说法，对应了传说的模糊性。如果这个传说描述了市场制度和市场秩序的建立，那么，这种市场制度和市场秩序可以看作公共品。但是，在春秋战国时代的城邦里，由官方出面建立的市场，真是纯粹的公共品吗？首先，外国人或外邦人未必获准随意使用这个市场，对这些外人就不是公共

市场秩序，对所有人一视同仁。这种意义上的权力参与，没有立场倾斜，权力建构了一个平台，并不下场追求自身利益，我们可以把这种参与水平表示为 0-1 级。

如果权力参与建构的市场有立场倾斜和利益输送呢？如果超出了公共产品的范围呢？例如苏联"小白桦"之类的特供商店？还有前边提到的"内部书店"，只向"红色贵族"之类的特权消费者开放？再如官方垄断的出版市场，只允许官办报刊和出版物进入？有了优待和歧视，市场不公平了，权力下场追求利益了，权力的参与水平便从 0-1 升级为 2、3、4、5，权力参与水平越高，数字越大。我们不妨假定一个数字，如果权力提供的产品超出公共产品范围，如果权力直接下场追求利益，其程度超过 3 分及格线就算权力市场，3 分以下不算。5 分权力介入水平最高，一品高残市场。4 分其次，二品中残市场。3 分及格，三品低残市场。3 分之下为品外平民市场。

如果以纵轴表示权力参与水平，横轴表示不同市场，从衣、食、住、行等产品市场，到劳动、金融、土地等要素市场，按照权力介入水平从低到高排列，就可以形成一幅逐步走高的阶梯形的条状图，形象地勾勒出某个社会的差序市场的基本轮廓。

品。其次，本城邦的商家和买家使用这个市场，除了通过税收或摊位费支付市场维护费用之外，如果还要支付高于维护成本的费用，如同当代进入网上销售平台要对公司利润做出贡献那样，这个平台就有了几分营利性质，公共品性质则随之打折。官方对销售平台的垄断，也必定造成高额垄断性的摊位费。

如果纵轴向下延伸，出现负数，即负权力或反权力，在横轴各种市场的下边，就会形成黑市或走私市场的轮廓。

不同时代的市场形态和市场宽度是不一样的。史前时代的采集狩猎群体高度自给自足，几乎没有市场，横轴便不存在。农业出现之后，市场宽度增加，横轴渐渐延长，但社会分工不细，以自耕自织为主，大宗必需品如盐铁往往被官家垄断。在采集狩猎与农业社会之间，少量交易偶然发生，代表市场交易的横轴时有时无，其交易形式也原始低效，例如云南苦聪人与村寨农人以物易物，通常采用不见面的路边摆物换物方式，对方回馈少就以投石放箭等方式表示拒绝。进入工商时代，市场大幅度扩张，分工越来越细，横轴越来越长，统制经济与自由经济的差别也更醒目了。

二，历史上的宫市盐榷及杂霸市

1，宫市

白居易诗作《卖炭翁》描述了唐朝的"宫市"。诗中可见，皇家使者单方定价，"半匹红纱一丈绫，系向牛头充炭直"，以不足五折的低价强买木炭，[1]权力的强制性碾压了市场的契约性。

针对官家凭借权力在各个领域的强买强卖，唐代汉语出现了

1　《宫市模型：重读"卖炭翁"》，吴思，《炎黄春秋》2011 年第 2 期

"和买"、"和价"、"和售"、"和雇"、"和市"等一系列强调平等交易的词汇，但宋人随后又揭露了权力在"和买"名下的新一轮潜滋暗长。只要权力不受制约，强买强卖就挡不住，"和"早晚要沦为幌子。

官市压价强买薪炭的故事，在明朝的版本是宫内惜薪司"加耗"。皇宫薪炭预算确定之后，宦官有权"征比诸商"。按照规定，收薪炭时可加损耗十分之三，但宦官私下加耗数倍，一万斤能加到四万斤，市场采购转化为敲诈勒索。宦官们"酷刑悉索"，时人视宫内惜薪司为"陷阱"，设法躲避。官方则编订名单，佥商采办，"被佥者如赴死，重贿求免"。[1]——商人退出市场的权利必须行贿赎买。

2，盐市

盐市的演化更加悠久复杂。权力介入盐业的方式是"榷禁"。榷的本意是独木桥。官家禁止或限制"非公有"主体进入盐市，独家垄断，单方定价，建构出权力浓度高低不等的市场。从管仲提出"官山海"，实行食盐官营开始，谁生产、谁收购、谁运输、谁销售，权力介入产、运、销不同环节的深度和广度，一直在演变之中。演变大体可分为四个阶段。

第一阶段，秦汉之前以自由市场为主，局部官营垄断。所谓

1　见《明史·食货志六》

局部主要指齐国和商鞅变法之后的秦国。管仲（前723-前645年）在齐国采用了民产、官收、官运和官销组合。[1]

第二阶段，汉武帝（前156-前87）穷兵黩武，财政紧张，于是改变汉初的"弛禁"政策，盐业官营：官产（官家设场置锅募民煎盐）、官收、官运、官销，三环扩展为四环，局部扩展为全局，抓获私贩一律钦左趾。垄断日久，每个环节都难免腐败臃肿低效，私盐泛滥，官营收益越来越低。

第三阶段，公元762年中唐刘晏变法：民产、官收、商运、商销。对比安史之乱（755-763年）初期颜真卿和第五琦推行的汉武帝模式，官运官销改为商运商销，调动了商家积极性，盐利收入竟达国家税入的一半，超过此前十多倍。不过，在收购批发环节即官家"就场专卖制"之中，又生出很多弊病。例如商家交钱运米换取盐引（近似购销许可证），官家收了钱粮，却迟迟不给盐。盐引大量积压，权势大或额外付钱多的优先提货，普通商家等上二三十年的比比皆是，盐引滞销，财政收入减少。

第四阶段，1617年明末袁世振再次变法，将收购环节也放给商家：民产、商收、商运、商销，官家的"就场专卖"转为盐商专卖，如此至清末近三百年，官家退至出售许可证并维持专卖秩序的位置。

上述演变的基本趋势，大体是权力以退为进，调动生产者和

1　郭正忠主编：《中国盐业史》（古代编），第28页，人民出版社，1997年第1版

商家积极性，走向官家长期整体利益最大化。这种基本趋势，用改革开放的流行术语表述，就是"放开搞活"。官家垄断的经营收益权放给商家，民间有了生产经营积极性，经营好了多赚钱，官民的日子都好过。反之，"一收就死"，官方抓权如同攥紧一把沙子，越使劲沙子越少，最后都没饭吃。官家在长期历史实践中一再撞上这个规律，为了标识方便，姑且称为改革开放定律。

当然，官家的长远利益不等于短期利益，整体利益也不等于个人和小集团利益。财政吃紧之时，看到民间利大，官家往往倒行逆施，收回垄断权，再经历一轮腐败臃肿低效，再由商家围猎钻营，再次放开搞活，再把垄断权卖个高价。如此形成局部或暂时的次级回调。个人和小集团也会根据各自环境在潜规则层面收收放放。在上述四段大波动中，还有多次中小级别的收放波动。

3，为什么有宫市和盐榷？

宫市存在的理由简单而直观：皇帝有权，想省钱，于是就有了强权压价采购。太监们中饱私囊的热情很高，把宫市发展扩大成了征税收费场。

盐榷也是征税，通过卖高价征税。

为什么不直接征税呢？《管子》中的《海王》篇记载，齐桓公问管仲，征房屋税如何？管子说会有人拆房。征树木税呢？有人砍树。征牲畜税呢？有人杀牲畜。征人头税呢？会隐瞒人口。那如何是好？管仲说：官山海（官营矿业盐业）。人人都要吃盐，一升加价两钱，就相当于两个大国的税收，连老人小孩也逃不掉。如果直接这么征税，人们必定闹事。

紧随《海王》的《国蓄》篇进一步说，民之常情，夺则怒，予则喜。于是先王有形地给予，无形地剥夺。君王以巧取代替强夺，天下乐于服从。

总之，对比直接征税，榷盐榷铁的成本更低、政治和经济收益更高。

所谓政治收益，不仅意味着悄悄增加财政收入，还意味着削弱异己势力。汉初盐铁弛禁，产生了一批私人业主，吴王刘濞那样的潜在政敌也藉此暴富。这些政治经济异己财力雄厚，交结王侯，手下有数以千计脱离户籍的流庸亡命，势力之大令官府忌惮，长此以往，将出现何种政治局面？汉武帝控制盐铁生产和流通，堪称政治经济双丰收的选择——只要别管得太死以致得不偿失即可。事实上，在盐业领域，官家的收放调节一直也未停止。

4，杂霸市

不仅官家权力侵入市场，民间暴力也经常侵入市场。脚夫、轿夫、私盐贩子、在渡口码头争抢打拼的人们，"车船店脚牙"，都热衷于结伙把持市场。地缘、血缘或业缘团体同样有此愿望。官方打压民间暴力，将"把持行市"入罪，但把持者往往有官方后台，民不举官不究，如此形成某种平衡，上下合力建构了残缺市场。

例如明代景德镇，官窑垄断了优质高岭土和青花瓷产销，建构出官民权利不等的品级市场，民间同样凭借各种非经济手段垄断客户等资源，建构出民间的品级市场，再通过为官府效劳获得官家庇护。所谓行会秩序，就是一种品级市场的秩序。

这种官方和民间共同打造的品级市场，"霸王道杂之"，套用天津方言"杂霸地"的构词方式，不妨称为"杂霸市"。

与官方建构的 0-1 级市场平台并列，民间也可以用自己的力量建构并维护民间集市，当代一些私人组织也可以建立同样的交易平台并收取维护费用，如淘宝和京东。在小国林立的格局中，每个国家都可以建构一些交易平台，与其他国家和私人组织建构的市场平台竞争。中世纪欧洲各个自治市镇赖以安身立命的核心资源就是他们的市场。我们不妨把这种市场看作自治市镇的公共财产，市场所有权归全体市民。

在这种多元参与的市场建构格局中，权力参与市场的二维图像就扩展为三维。依旧以权力参与度为纵轴，以市场种类的宽度为横轴，将这个直角坐标系顺时针旋转 30 度或 90 度，如此形成的空间距离不等的同类市场竞争之势，就可以在不同程度上抑制黑白两道的平台垄断者凭借权力建构 3-5 级的品级市场攫取利益。与此相反，维护垄断的政策就是禁止一定距离之内出现竞争者，套用欧洲中世纪自治市镇使用的概念，这种垄断权被称为"距离权"（Meilenrecht/milerights）。[1]

1　（德）古斯塔夫·冯·施穆勒：《重商主义制度及其历史意义》，严鹏译注，第 57 页，东方出版中心，2023 年 5 月第 1 版

5，商权与市权

这里暂且跳出历史进程，引入两个抽象概念。我们反复遇到一个问题：谁有权进出食盐或出版之类的市场，什么产品可以自由进入市场，现在追问一句：这种权利叫什么名字？

"市场准入权"的说法很常见，不过，这个概念现在通常指向政府作为市场把关人的权力，而不是供求双方进出市场的权利。我想以"商权"专指供求双方携某种资源进出市场进行交易的权利，即：商权＝供求双方进出市场进行交易的权利＝贸易自由。交易双方未必拥有市场，但拥有市场的使用权。

商，在不同的词典里有八九个释义，这里采用的释义是"买卖交易行为"。"商权"就是买卖交易的权利。商权受限的主体从事买卖交易，罪名就是"私贩"。商权受限的产品，如官家专营的盐铁茶酒，一旦违禁入市，就被称作"私盐、私铁、私茶、私酒"，以赃物论处，数量越大，量刑越重。

中国对商权的限制历史悠久，违禁的罪名也清晰精确，但缺少正面表述商权的概念。或许这体现了权力本位而非权利本位的思维及语言规律？毫无疑问，商权价值巨大且事关重大。鸦片战争，五口通商，其实是两个主权者的商权之战，产权或领土只是牵连出来的次级问题。改革开放，也可以用商权扩展来标志进度。

如果把市场使用权称为"商权"，市场所有权又该如何称呼？古汉语早有"欺行霸市"之类的罪名，似乎把市场默认为公产或官产。如果是官产，不妨称为"官市"。但还有不是官产的市场，

"淘宝"和北京新发地农产品批发市场都属于公司财产。某些自发形成的民间"草市"似乎还是无主的公产，一旦如《水浒》中"浪里白条"张顺那样垄断水产批发，成功"霸市"了，鱼市也能成为私产。我找不到表达市场所有权的概念，暂且称之为"市权"。"市权"在古汉语中通常用于描述弄权、揽权之类的权力交易，但"市"的本义是市场即交易场所，引申义才是交易行为，用"市权"指市场所有权，比"权力交易"的释义还要正宗。顺便一说：在古汉语里，对市场使用权的付费叫"市租"，从官家手里获得市场使用权的专业商贾，在户籍分类里属于"市籍"，买田入仕往往受限，其地位低于农民。

在《重商主义制度的历史意义》一书中，十九世纪德国经济学家施穆勒描述了中世纪德国的自治市镇如何动用各种外交和暴力手段提升本地市场的特权地位，还用了"市场占有权"的概念——其层级应该在所有权与使用权之间。他总结说："市场权、通行权以及距离权，是市镇用来给自己创收以及制定市政政策的武器。该政策的精髓，是让自己的同胞获益，而让外部的竞争者受损。"[1]

施穆勒的用词启发我们思考市场的所有权和使用权问题。与权利有关的各种概念通常是多元化的社会结构的产物，在"普天之下莫非王土"的地方，没有自治市镇，产生市场权利的土壤比

---

1 （德）古斯塔夫·冯·施穆勒：《重商主义制度及其历史意义》，严鹏译注，第57页，东方出版中心，2023年5月第1版

较贫瘠，表述这些权利的概念也难免贫乏，很多事就讲不明白。

有了市权和商权的概念，古今中外市场所有者的行为就容易描述了。他们总要根据自身利益，凭借各类主体的所有权甚至主权，规定市场使用权的授予范围，谁能进，什么物品能进，进出必须满足什么条件，或严或宽，或收或放。法家严苛自不必说，儒家经典《礼记·王制》和《孔子家语》刑政篇里，也开列了十四类禁止入市的物品，如兵器、宗庙祭祀用品、命服命车、圭璧金璋、锦文珠玉、尺寸质量不合规的布帛、未长成的五谷果实木材禽兽鱼鳖等等，甚至还禁了衣服和饮食。

管制最严的，例如武器，不仅限制商权，还要限制生产权和占有权——私贩、私造甚至私藏都有罪。管制最宽松的，例如扫帚簸箕之类的日用杂货，任何人都有自由买卖的权利。这种对商权的限制，相当于官府对市场在资源配置中发挥作用的范围和程度的限制。在风险或暴利很大的领域，官府以指令或计划取代市场，商权、市权乃至市场存在权被压缩甚至取缔。

完整的商权，对应常规市场。高残商权，对应高残市场。低残商权，对应低残市场。负商权，即戴罪之身和违禁货物，对应黑市。品级商权，对应品级市场。

三，民国的统制经济：二二八事件

台湾"二二八事件"就是由垄断市场和黑市引发的。

1947 年 2 月 27 日，国民党警员在台北街头查缉私烟，殴打烟贩林江迈，又开枪驱逐围观群众，误伤青年陈文溪致死。2 月 28 日，台北市民罢市游行，要求交出罪犯，当局开枪镇压，数人身亡，引发全岛大规模武装暴动，是为"二二八事件"。

当时的台湾，除了纸烟，还实行了酒、樟脑和火柴等多项产品专卖。1945 年，国民党上将陈仪接管台湾之后，成立了专卖局、贸易局、粮食局和煤炭调整委员会，规定米、盐、糖、煤油等民生产品，一律由官方统一定价收购。粮食局购买粮食并控制粮食生产来源，煤炭调整委员会垄断能源供应，私营煤矿生产的煤炭只能出售给这个委员会。[1] 与此同时，陈仪没收了日本人留下的企业，把它们重组且改为公营，如四大糖厂合并为台湾糖业公司，六家石油公司合并为中国石油公司。

陈仪推行的统制经济政策由来已久。1928 年国民党在南京建政之后，积极发展经济，采用了统制经济政策。1935 年，为了应对日本侵略，蒋介石把主管国防建设的"国防计划委员会"改名为"资源委员会"，直接隶属军事委员会。中国的重工业，尤其是与军事工业相关的钢铁、动力、机电、化学、水力等企业，都由资源委员会掌控。私人企业仅能生产日常消费品。1942 年更进一步，盐糖火柴实行专卖，次年又对棉纺织品实行限价和议价，官价比市价低一大截。这套统制经济的制度安排，比传统市场的

1 　郭岱君：《台湾往事：台湾经济改革故事（1949-1960）》，第 1 章。中信出版社，2015 年第 1 版

品级更多，权力介入更深，市场残缺更甚，对民企伤害更广。

"二二八事件"冲击了台湾的统制经济。蒋介石先后派出闽台监察使杨亮功和国防部长白崇禧到台湾调查，蒋经国随行，探询如何恢复稳定。蒋介石得到的建议是：撤销专卖局和贸易局，减少国营企业数量，帮助私营经济发展。这套建议的底层逻辑，正是我们见过的"改革开放定律"。为保住最后的立足之地，国民党被迫退让一步，民营经济的活力便在退让出来的空间里喷发了。[1]

四，当代产品市场：统购统销制度的故事

当代中国，经历了计划经济和改革开放，商权收收放放，品级市场的形态特别复杂丰富。这里以农产品市场为例。

1，三类物资

统购统销制度下的农产品市场，农产品被分为三类物资。从严格计划的统购统销，到大半计划小半市场的合同派购，再到农村集市中有限的"小自由"，三类物资的商权由不同主体掌握。

第一类物资包括粮、棉、油，关系国计民生，因而统购统销——国家商业部门按照国家规定的价格和预订数量统一收购；城市居民凭粮票油票之类的票证，在规定的地区，按照国家规定

---

1 郭岱君：《台湾往事：台湾经济改革故事（1949-1960）》，第 1 章。中信出版社，2015年第 1 版

的价格购买；农家剩余的粮棉油，如果出售，只能卖给国家商业部门，不准进入农村集市，不准卖给其他单位和个人。一类物资的商权直接由中央掌握，中央部级单位直接下场购销，堪称一品权力市场。

统购统销市场是高残市场，至少挨了五刀：第一刀，规定收购价格。第二刀，规定收购数量。第三刀，规定独家收购者。第四刀，规定销售价格。第五刀，限定消费者及购买量。

五刀之下，生产者、消费者和商家还剩下多少自由呢？生产者不能不按规定生产，也不能不按定价卖出。商家不能不按定价收购，也不能不按定价出售。消费者按年龄性别和身份领取相应数量和种类的粮票之后，固然有权利不买，但定量不高，不买就没得吃，这点自由空间很小。当然，小自由也有价值，粮票可以换鸡蛋，可以在黑市买卖。粮票所承载的小自由小权利，就是在有效期内以规定的低价购买粮食。什么时间买，买馒头还是挂面，买标准粉还是富强粉，买多买少，在具体时间和品种数量之间是有选择权的。

五刀之下残留的这点小自由，在百分制中能达到 20 分吗？如果不够 20 分，那么，统购统销市场，市场开放度就不足二成，我们可以将开放度在二成之下的市场定义为高残市场。

第二类物资，包括水果、蔬菜、猪牛羊肉、鸡蛋鸭蛋、糖、烟、麻、毛竹、木材等 20 多大类产品，对政权稳定的影响小于粮棉油，因此管制稍宽，名曰合同派购市场：由供销合作社代表国家与生产队等生产单位签订合同，按照国家规定的价格派购。完成国家的派购任务之后，超产部分或者派购剩余部分，可以在国家指定的农村集市上议价出售。

政府对合同派购市场的控制程度，介乎统购统销的高残市场与小有自由的农村集市之间，姑且称为"中残市场"。从权力市场的角度看，供销社大体属于集体经济，但改革开放前两度被收为国营，两合两分，在央企、地方国营、县级大集体、乡镇小集体的排序中，摇摆于二三品之间。

第三类物资，也就是第一和第二类物资名单中没有列入的农副产品，例如非集中产区的鱼虾水产，桑葚、柳编、西瓜子之类，生产队和社员个人可以在国家指定的农村集市上出售，价格由交易双方议定。但商权仍然受限：禁止生产队和社员远距离运销，禁止转手倒卖，未经国营商业部门批准，机关、部队、工厂和学校等单位也不许进入农村集市采购或销售。这就是低残市场。权力对第三类物资的商权兴趣不大，管控程度较低，交易这类物资的农村集市可谓低残市场，有时某些产品的交易还可以视为品外市场。

当然，官方的禁令未必得到严格执行，在三类物资构成的三档残缺市场之下，各种级别的违禁品悄然入市，形成了黑市。黑市是对残缺市场的非法补充。只要黑市交易的价值超过了被抓住处罚的成本，黑市就会出现。每个人的利害计算都不一样，总有一些愿意冒险从事黑市交易的人。这种人越多，黑市的规模就越大。

黑市交易者一旦被抓，货物可能被没收，人可能被判刑，风险高低不等。上世纪六十年代，著名的傻子瓜子创始人年广九曾因贩卖板栗被捕入狱，罪名是投机倒把。如果说贪污盗窃是侵犯产权的罪名，那么，投机倒把就是侵犯商权的罪名。

综上所述，在计划经济时代，在农产品领域，我们看到了从统购统销到合同派购到农村集市再到黑市的四级差序市场，看到了从国营到集体到社员个人再到投机倒把分子的四档商权。三类物资正是由三档商权定义的。

2，改革：差序并轨

改革开放后，原来作为一类物资的粮棉油，取消了统购统销，降格为二类物资的合同派购。城市居民定量配给的粮票油票和布票也取消了。

原为二类物资的合同派购农产品，如肉蛋鱼虾，商权管制降级，进入农贸市场，成为小自由的三类物资。

1985 年，中共中央一号文件进一步取消了农产品的长途贩运限制，小自由扩展为大自由，原来的黑市合法化了。

于是，在农产品领域，合同派购市场与自由市场并存，形成了双轨制。这种简化的差序市场，不久又向单一规范市场过渡。现在，除了政府规定粮食保护价并由国营单位兜底收购之外，国内的农产品市场已经基本放开。官家放弃商权垄断之后，大体平等的商权，建构出了大体正常的市场。

3，统购统销兴衰：陈云和毛泽东的计算

如何理解统购统销兴衰或农产品市场的制度变迁？为何建构出一种体制，然后又改掉？

统购统销制度诞生于 1953 年底。那一年小麦歉收，城镇人口却增长了 663 万（当年人口 6.02 亿），私商抬价 30% 购粮。粮价一涨，工资也要涨，预算也不稳，刚开始的第一个五年计划（1953-1957）将大受影响。

1953 年 10 月 10 日，在全国粮食会议上，统购统销制度的设计者陈云说，他挑着一担"炸药"，前面是"黑色炸药"，后面是"黄色炸药"。如果搞不到粮食，整个市场就要波动；如果采取征购的办法，农民又可能反对。[1] 陈云认为，两害相权取其轻，统购统销比通货膨胀的风险小。

在陈云看来，统购统销主要是为了稳定粮价，进而压低工资，支持工业化。统购统销持续了 30 多年，和管仲的"官山海"一样，这是农民"交公粮"之外的"暗税"。这笔暗税的总额，专家们从不同的角度进行了计算，其中最高估计是 7000 亿元（牛若峰，1992），最低估计是 4481 亿元（徐从才、沈太基，1993）。[2] 对中国工业化的贡献份额，大概在二分之一至四分之一之间。

---

1 《陈云文选》1949-1956 年，第 207 页，人民出版社
2 杨继绳：《统购统销的历史回顾》，《炎黄春秋》2008 年第 12 期

当时交公粮即"明税"的税率是 15.5%，远超汉代以来的 3.3% 即三十税一。因太高招致各界批评，中共已经承诺将公粮数目稳定在 1952 年的水平上。[1] 因此，继续加码，例如 1957 年加至每创造 100 元农产品价值再通过价格机制转移到工商业 23 元的水平，[2] 如此对待"解放"后的农民，确实说不过去，"暗税"形式应该包含了心虚的成分。

比管仲式"暗税"更新鲜也更重要的考量是：社会主义的体制建构。

1953 年 10 月 2 日晚，毛泽东主持政治局扩大会议，听取陈云关于粮食问题的报告。讲完征购粮食的好处后，陈云说，征购的坏处是妨碍生产积极性，逼死人，打扁担，个别地区暴动。但不采用这个办法的后果更坏，就是重新走上进口粮食的老路，建设不成，结果帝国主义打来，扁担也要打来。

听完陈云的报告，毛泽东表示赞成，随后在体制建构的高度补充道：农村经济正处在由个体经济到社会主义经济的过渡时期。我们经济的主体是国营经济，有两个翅膀，一翼是国家资本主义，对私人资本主义的改造；一翼是互助合作、粮食征购，对农民的改造。这一个翼，如果没有计划收购粮食这一项，就不完全。[3]

1　薄一波《若干重大决策和事件的回顾》（上），第 258 页，中共中央党校出版社，1991 年第 1 版
2　同上，第 280 页
3　同上，第 263 页

1953 年 10 月 13 日，受毛泽东的委托，邓小平再次到全国粮食会议上讲话。邓小平说：昨天晚上，毛主席交待，要我再跟大家讲一次，让同志们弄清楚一个道理，就是讲粮食征购一定要联系过渡时期总路线[1]去讲。李井泉同志告诉我，四川试点，农村干部对征购抵触情绪很大，这些有抵触情绪的干部，主要还不是基层干部，而是县区两级干部。你讲征购不联系过渡时期的总路线，就无法使全党同志赞成这个东西。[2]

1953 年，在世界范围内，社会主义还在高歌猛进之中。毛泽东用社会主义和共产主义的远大理想和过渡时期"一化三改造"的总路线说服了全党，换句话说，超出管仲和中国传统的管制尺度就建构在这种理想之上。

1978 年，实践经验表明，陈云预测的"妨碍生产积极性"之类的坏处，超出了社会主义理论预言的好处，于是有了改革开放。改革开放的成就和苏联的崩溃动摇了理想理论的根基，八十年代的社会主义改革便改掉了五十年代的社会主义改造。理论破产导致了统购统销制度的破产。

4，统购统销公式：陈云和毛泽东算法的历史检验

那么，决定统购统销兴衰的底层逻辑是什么？兴也罢，衰也

---

1 过渡时期总路线：要在一个相当长的历史时期内，基本上实现国家工业化和对农业、手工业、资本主义工商业的社会主义改造。简称"一化三改造"。

2 薄一波《若干重大决策和事件的回顾》（上），第 266 页

罢，主导者都在最大化党的利益。具体算法很简单：

统购统销利益 = 统购统销总收益 - 统购统销总成本。

统购统销总收益：陈云要稳粮价、稳工资，保财政预算和五年计划，抽取农业剩余发展工业，还要以暗税的方式悄悄做。毛泽东更进一步，要趁机推进农业的社会主义改造。

统购统销总成本：陈云开出了妨碍农民积极性、逼死人、个别地区暴动，扁担打向共产党。这三项成本，逼死几十万人对政权影响不大，个别地区暴动也不难控制，妨碍农民积极性却需要细算。小有妨碍还行，妨碍大了，长期落后，连年饥荒，政权就可能垮台。陈云当时对此的估计明显偏小。

陈云进一步预测：没有统购统销，就要进口粮食，社会主义建设不成，帝国主义打来，扁担也打来。两害相权取其轻，应该选择统购统销。

总之，党内高层形成共识：统购统销的总收益，大于统购统销的总成本，于是统购统销政策出台。

回望来路，陈云的第一点预测，妨碍生产积极性和暴动逼死人之类，后来被统购统销的历史超额证实了。

第二点预测，建设不成，帝国主义打来之类，被改革开放的成就证伪了：实行了统购统销，农业萧条了，"四化"并未实现，帝国主义也未打来。官方后来还要努力引进欧美日台的资本建设"四化"。而且，八十年代取消了统购统销，乡镇企业遍地开花，工业化进程反而加速了。

至于毛泽东强调的最高收益，只是想象中的收益。事实上，统购统销及全套社会主义改造完成之后，既没有积极性，也没有饭吃。工农业效率低下，扁担环伺，社会主义的名声反倒被败坏了。

总之，实践结果表明：统购统销成本很高，收益有限，总体利益居然是负的。于是统购统销被废掉。

统购统销兴衰的底层逻辑，就在这个简单公式之中。不过，算法虽简单，统购统销的成本收益却涉及十几个变量。当事人对各个变量的大小、正负和因果关系的评估，深受信仰影响，又缺乏质疑和争辩，想象成分和逻辑缺陷不能及时清除，短期强制的成功终究难抵长期大局误算。

五，当代要素市场：四大自由的故事

前边主要以农产品为例，谈到产品市场的变迁及其逻辑。更全面的讨论，对市场整体结构的讨论，还应该包括要素市场的变迁。

中共建政初期，邓子恢主张"四大自由"——借贷、租地、雇工和贸易自由，遭到毛泽东的点名批判。毛泽东说："我说是四小自由。这有大小之分。在限制之下，资产阶级这些自由是有那么一点，小得很。我们要准备条件，把资产阶级这个小自由搞掉。"[1]

作为贸易自由的主要部分，农产品市场如何被压缩甚至"搞

---

1 《毛泽东选集》，第 5 卷，第 208 页，人民出版社，1977 年第 1 版

掉"，前边已经介绍。其它三大自由，涉及土地要素、劳动要素、资本要素（包括机器设备之类的生产资料），依照领袖意志，遭遇了越来越严厉的管制，最终也被计划取代。从市场结构的角度看，产品市场残缺，要素市场近乎消失，整个市场单薄狭窄，呈高残结构。

大包干之后，农民种田效率提高，农村剩余劳动力如同洪水泛滥，计划经济体系既无力吸纳又无法阻挡，于是，以农民工为主体的劳动市场重生，在国际国内市场上有效配置了劳动力资源。土地市场和金融市场部分重生，但价格、规模、市场主体等依然受到多方管制，要素资源如土地和资金并不能根据市场价格按照市场需求配置，市场整体结构仍处于中度残缺状态。

六，外贸体制的三道壁垒

中国国内市场是变迁中的差序市场，这种市场与国际市场的隔离程度，也呈现为壁垒逐步降低的差序格局。

在计划经济时代，国内高残市场上的经济主体，与关贸总协定主张的无歧视待遇的国际市场之间，至少隔了三道壁垒。一是关税壁垒，二是汇率壁垒，三是商权壁垒。

1987年，中国政府制订了"沿海发展战略"——原材料和市场"两头在外"、凭借廉价劳动力优势参与国际经济大循环。用当时国务院总理赵紫阳的话说："基本想法是一句话，我们要把沿海这片地方甩到国际市场上去，靠国际市场来发展自己。……
广义来讲是沿海，也可能讲是二亿人口。"[1]当时中国人口总数为
10.7 亿，劳动力严重过剩。如果有出路，这两亿人口就是生产要
素，没出路就是破坏要素。要开辟进入国际市场的通路，必须降
低甚至拆除壁垒。

1，关税壁垒

1992 年，中国的平均关税水平为 43%。1986 年开始，从"复
关"（恢复关贸总协定缔约国地位）到"入世"（世界贸易组织），
一路谈判降低关税壁垒，2001 年底入世。2004 年降至 9.9%，达
到入世承诺的发展中国家水平。2018 年降至 7.5%，介乎发展中
国家和发达国家水平之间。

2，汇率壁垒

1985 年，赵紫阳说汇率壁垒是"外贸的卡脖子问题"，[2]因为
官方规定的人民币与美元的汇率不合理。

1979 年底，美元与人民币的官定汇率为 1∶1.5，而 1978 年
全国平均换汇成本超过 2.5 元人民币，出口严重亏损，没有补贴
谁都不愿意干。无奈之下，只好按照实际的换汇成本，再加上

---

1 《对我国沿海地区发展外向型经济的战略思考》，1987 年 11 月 26 日。《赵紫阳文
   集（1980-1989）》第四卷，第 305 页，香港中文大学出版社，2016 年版
2 《在听取"七五"计划纲要起草小组汇报时的几次谈话要点》，1985 年，《赵紫阳
   文集（1980-1989）》第三卷，第 146-147 页，香港中文大学出版社，2016 年版

10% 的利润，以 1 美元兑换 2.8 人民币作为出口产品的内部结算价，鼓励各地增加出口。

有了双重汇率，权力定价向市场定价走了一小步。不过，即使按照内部结算价，外汇依然稀缺。使用权难以得到，外汇使用额度便有了自身价值，并且可以在市场上交易，于是有了市场调剂价。各地用汇的供求不一，调剂价格也不同。如此又向市场化汇率走了一小步。同时，随着侨汇或旅游外汇收入的增加，黑市汇率也出现了。

1994 年初，中国大步改革外汇管理体制，将官方牌价 1 美元兑换人民币 5.8 元、市场调剂价 8 元多、黑市价 10-11 元，并轨为 8.7 元，实行以市场供求为基础的、单一的、有管理的浮动汇率制度。此后走走停停。按照国际分类体系，从官定汇率制度（官方安排、固定钉住），经政府和市场双重控制的中间汇率制度（水平带内钉住、爬行钉住、爬行带内浮动），到市场决定的浮动汇率制度（管理浮动、独立浮动），三大类别，总共七级台阶，中国在 2021 年大概爬到了倒数第三级，靠近市场决定的浮动汇率，但仍属政府和市场双重控制的中间汇率制度。

无论如何，1994 年之后，中国的汇率壁垒降到了过得去的水平，国内价格大体可以与国际市场接轨了。在这个意义上，汇率从单轨制到双轨制或多轨制再向单一浮动汇率并轨，就是外汇差序市场从高残向低残乃至常规市场的过渡。

3，商权壁垒

进入国际市场的商权，中国称之为外贸经营权。改革开放前，外贸经营权由外贸部独家掌握，外贸部直属的十几家不同专业的进出口总公司，分门别类垄断了全部进出口业务，各省的外贸部门只是这些总公司的派出机构。外贸部统一核算，财政部统收统支，进出口按计划进行，政企不分。

1979 年–1987 年，外贸体制改革启动。外贸部独家垄断的外贸经营权陆续下放给了各个省市，各个部委也分享了外贸经营权。

1994 年–2001 年，国企普遍获得了外贸经营权。

2004 年 4 月，按照入世承诺，对外贸易法修改，外贸经营权审批制改为备案登记制，外贸经营权全面放开，商权壁垒大体拆除。

商权大体平等之后，国企出口占比一降再降，缩到了角落里。外资企业异军突起，2015 年又被民企超越，中国的民营企业在国际市场的自由空间里迅速发展壮大。

总之，外贸领域差序市场变革的宏观图景是：农村改革完成之后，数以亿计的剩余劳动力如洪水泛滥，官方试图化害为利，以"两头在外"的方式引向国际市场，而计划经济时代的外贸体制阻塞了溢洪道，于是我们看到了逐步拆除三道壁垒的市场化改革。

拆除外贸壁垒的底层逻辑，与统购统销公式描述的统购统销兴衰的逻辑是一致的：外贸壁垒总收益不高，外贸壁垒总成本太大，上亿人失业的成本尤为重大，拆掉很合算。

七，品级市场的 U 形变迁

从历史角度看，中华人民共和国的市场，一直是品级分明的差序市场，但差序市场中的市场地位呈现 U 形演化。

毛泽东时代是市场地位一降再降的下坡路段，到谷底时只剩下一些市场残余，还要继续"割资本主义尾巴"——某些地方文革中尝试取消农村的集市贸易。此时的市场可谓极权市场，或者叫差序市场的极权组合：生产资料私有制几乎完全取缔，产品市场分类管制，大管制搭配小自由，要素市场的小自由也"搞掉"了。市场在资源配置方面的地位和作用极低，商权也按权力分配，权力主导了资源配置。

邓小平时代，市场的地位和作用进入上坡路段，从极权市场走向威权市场，权力在诸多领域后撤，"四大自由"恢复大半。例如傻子瓜子的创始人年广九，改革开放初期雇工多人，在主流意识形态看来就是闯入劳动市场，雇工剥削，违法违宪，引发了官场震动。邓小平主张放两年再看，说一动他，群众就说政策变了，人心就不安了。在这种成本收益计算中，最高领导人降低意识形态权重，主要考虑经济利益，摸着石头过河，摸到了半极权半威权位置，形成了差序市场的半极权组合。

前边提到美国传统基金会的"自由指数"，50 分以下是不自由的经济，当代朝鲜只有 3-5 分，毛泽东时代的极权经济应该和当代朝鲜差不多。2021 年中国走到了 58.4 分，仍属自由受到严重压抑的经济，但站到了部分自由的门槛前。60-70 分就是部分自由的经济。

2013 年，中共中央在十八届三中全会上承诺，要让市场在资源配置中发挥决定性作用，全面深化改革开放。尽管没有给出量化指标，但从自贸区的样板看，改革达标的自由度，似乎能到 70 分以上，进入基本自由的阶段。这种水平的市场经济，与世界发达经济体的水平差不太多，如果承诺兑现，国内市场与国际市场就大体接轨了。当然，承诺改变在中共党史上屡见不鲜。

回顾 1949 年以来市场地位 U 形变迁的历史，我们看到，差序市场已有三层含义。

第一层，某个特定领域市场内部的差序结构，产权和商权的残缺度不等，或者说权力参与度不等，如出版领域的三刀两补市场。

第二层，同一时期的所有市场的差序结构。首先，产品市场从高残到低残再到常规市场，如统购统销时代农产品的三类物资。其次，支撑产品市场的，还有残缺度不等的要素市场，如当代低残的劳动市场、高残的土地和资本市场。再次，国内市场与国际市场之间的三重壁垒又建构起全球市场的差序结构。以上三者，产品差序市场、要素差序市场和外贸差序市场，构成了统制经济差序市场的整体结构。

第三层，不同历史时期的不同制度下的差序组合：以高残市场为主色调的极权组合，经过高残与低残市场平分秋色的双轨制，即半极权组合，走向低残市场主导的威权组合。在各种组合中，权力侵入的深度不同，呈现出不同的差序格局。

我们还看到，差序市场的兴衰，从毛泽东时代的强化到邓小平时代的弱化，都遵循着同一个底层逻辑：官方认定利益的最大化。

第二节　品级市场的当代形态

一，当代品级市场的四级台阶

出版市场挨的第一刀，即总量控制之刀，并没有砍向所有市场。2018年，政府挥刀以不同的力度砍向汽车和房地产市场，限购限行等等，但服装和家电市场就比较自由，日用杂货如锅碗瓢盆市场，更是完全放开。出版市场之所以管制严厉，如林彪元帅所说，枪杆子，笔杆子，夺取政权靠这两杆子，巩固政权也靠这两杆子。倘若涉及枪杆子，军火市场，管制更严，民间购买收藏就是犯罪，民间制造贩卖还有死罪。

由此可见，描绘当下中国国内差序市场的形状，以权力参与度为纵轴，以不同产品的市场为横轴，呈现为逐步走高的四级台阶。

第一级，日用杂货，近乎完全放开，可谓常规市场。

第二级，权力初步介入，例如汽车摩托车市场，有各种限购或补贴，但国企民企外企皆可进入，市场发挥了主导作用，可谓低残市场。

第三级，例如房地产市场，权力中度介入，通过限购、限售、限价、限贷或土地限供等手段进行总量调控，但民企可以进入，房型也没有那么多敏感区，市场作用超过一半，可谓中残市场。

第四级，权力高度介入，例如三刀两补式出版市场，权力控制了市场规模、参与主体、出版内容和价格，市场作用不到一半，可谓高残市场。从权力等级角度看，也可以叫一品权力市场。

在市场之外，还有权力命令占据支配地位的领域，例如高端武器的生产和分配。

此外还有黑市。除了基本放开的常规市场，残缺度较高市场的地下，都潜藏着黑市。例如三级地下有"小产权房"市场，四级地下有"非法出版物"市场。武器也有黑市。

二，半极权市场的龟状结构

1，以民企和常规市场为中心

如前所述，当代中国的差序市场是高残、中残、低残与常态市场的半极权组合。从利益攫取和输送的角度看，这种组合的结构和功能，状似一只缩头乌龟。

陶然和苏福兵两位教授在《经济增长的"中国模式"》[1]一文中，给出了一个中国经济增长模式的简化图示：

1　陶然、苏福兵：《经济增长的"中国模式"》，《比较》杂志，2021 年第 3 辑

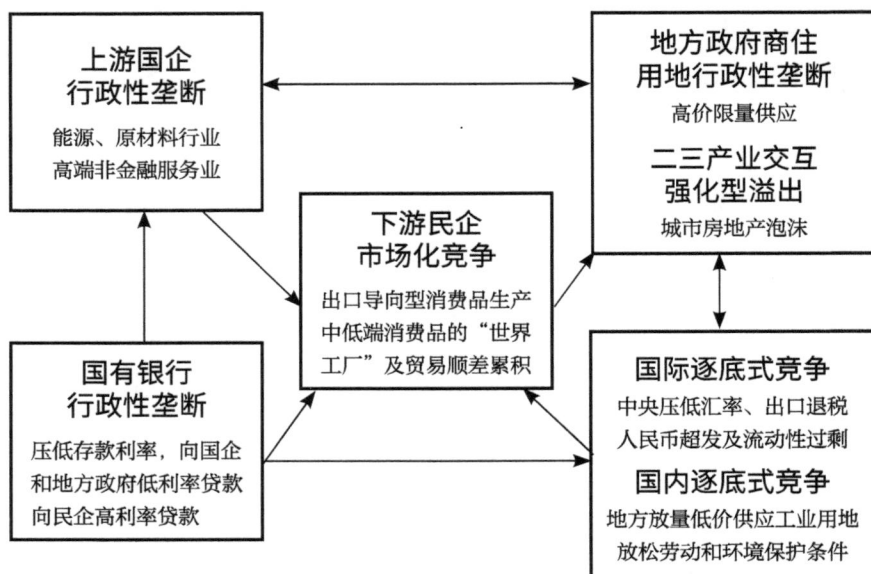

上游国企
行政性垄断

能源、原材料行业
高端非金融服务业

地方政府商住
用地行政性垄断

高价限量供应

二三产业交互
强化型溢出

城市房地产泡沫

下游民企
市场化竞争

出口导向型消费品生产
中低端消费品的"世界
工厂"及贸易顺差累积

国有银行
行政性垄断

压低存款利率，向国企
和地方政府低利率贷款
向民企高利率贷款

国际逐底式竞争
中央压低汇率、出口退税
人民币超发及流动性过剩

国内逐底式竞争
地方放量低价供应工业用地
放松劳动和环境保护条件

　　乌龟的身子，即民营企业汇聚的下游制造业，作者称为"一类市场化竞争"领域，这是差序市场中的常态市场，品级市场中的品外平民市场，也是当代中国财富创造的核心地带。

　　乌龟左前爪，即上游垄断性国企控制的两大行业：一是能源、原材料行业，如石油石化、煤炭、电力、矿业和冶金；二是非金融高端服务行业，如邮电通信、民航铁路等。这两大行业凭借资源或行政垄断，从下游民营企业汇聚的核心地带抽取利益。左前爪涉及的利益规模，以 2017 年中石油、中石化和中国移动的营业额为例，总额已超过 5 万亿人民币[1]（当年中国的 GDP 总额为

1　见三大公司 2018 年年报

82万亿）。假如垄断利润为20%，利润总额应该达到1万亿，当然年报上的利润没这么高，国企降低成本的动机不如民企。

左后爪，即行政性垄断的金融业，以国有银行为主体，压低存款利率，向民企高利率贷款，在财富创造的核心地带抽取利益。同时，通过向国企和地方政府提供低利率贷款的方式输送利益。左后爪涉及的利益规模，仅仅2017年压低存款利率这一项，就高达2万亿人民币，[1]而当年全国税收收入不过14.4万亿。

右前爪，凭借行政权力垄断了工商和住宅用地的地方政府，低价从农民手中强征土地，高价限量供应住宅用地，从差价中获取利益。右前爪涉及的利益规模，以2017年国有土地使用权出让收入为例，总额约为5.2万亿元。[2]按照15-20%的净收益计算，规模也接近1万亿。从这个数字，可以看出土地进入非农市场的商权的价值。

右后爪，还是政府，以低人权优势如压制劳工在市场上集体谈判能力、降低环保要求等方式，获得国际市场上的竞争优势，再以低价放量供给工业用地，获得本地的低要素成本优势，招商引资，扩大税基。[3]

1　据海通证券首席经济学家姜超计算：截止2017年末，中国居民储蓄为64万亿，存款平均利率大约在1.5%左右，相比4-5%的货基和理财产品收益率，相当于被剪了3%左右的羊毛。这意味着相对于居民60万多亿的储蓄，每年有2万亿利息收入被银行拿走了。《华尔街见闻》，2018年4月16日

2　见财政部网站：2017年财政收支情况

3　陶然、苏福兵：《经济增长的"中国模式"》，《比较》杂志，2021年第3辑

一个市场化程度较高的身子，四只残缺市场上很有权的爪子，形成了中国品级市场半极权组合的基本结构。凭借这种结构，官家既调动了民间的积极性，创造了竞争激烈的繁荣高效的市场经济，又通过垄断价格和市场准入之类的手段，从民营企业和拥有土地的农民那里获得了税费之外的巨量财富，还创造了国际市场上的竞争优势。

这种半极权市场的龟状组合是怎么来的？

起点是毛泽东时代的极权高残市场组合。改革开放后，为了调动生产者的积极性，缓解就业压力，发展经济，权力先后向农民、小商贩、农民工和民间资本让步，逐步从农业领域、民用产品市场和劳动力市场退出。在放开的自由空间里，私营经济兴起，相对低效的国有企业也按照"抓大放小"政策从一般竞争领域退出。不过，在天然垄断的资源领域，权力坚守不放。这些领域考核比较容易，创新有限，管理简单粗暴也无大碍，再辅以行政垄断，成本低、收益高。如此趋利避害，顺势演化，放开壮大的部分长成了乌龟的身子，权力坚守的部分成了四肢，"龟状组合"便形成了。极权高残市场组合，随之演变为半极权的中残市场组合。

这个龟状图以民企和常规市场为构图中心，四肢是产业链上游的国企及其垄断的品级市场。

2，以农民为中心

以中国民众为中心构图，例如以农民为中心，我们可以看到另一幅品级市场抽取垄断利润的景象。

作为供应者，农民要面对低价征地和低息存款。作为消费者，首先他们要购买民营企业生产的消费品，间接承担民营企业身上的负载。其次，农民身上直接插有石油电信的管子，外加烟酒和盐业专卖的管子。2017 年仅中国烟草总公司的利润即达 1.1 万亿，超过中石油、中石化和中移动的总和，比全球银行盈利第一的中国工商银行的利润高三倍。再次，还有权力深度介入的医疗和教育市场。众所周知，医疗、教育和住房一起，并称为压在当代中国人身上的"三座大山"。

一个中心，不算直接税收，至少插了六种抽取垄断利润的管子，近似头尾齐全的龟状结构。

前边说管仲"官山海"时，提到暗税的税收成本低、政治风险小，民众容易接受且难以逃避。当代的油价、房价和电价中也隐藏了巨量的税收，深合管仲之意。需要补充《管子》的是，随着品级市场的建立，各环节衍生的分肥集团也生长壮大了。

俗话说"过手三分肥"。在龟状的品级市场中，手握大权的众多组织和官员代理人有了持续捞钱的机会。正如太监有了持续捞钱的机会便有意将官市做大做强一样，在官场上，这种机会也是众人觊觎的利基，必须设法维护，争取做大。各种官家代理人的利益，因此成为品级市场的社会基础或曰阶级基础。在此基础上，可以生长出白手套之类的二级代理集团，也可以发展出黑白两道联盟，还可以由代理人变身股东，[1] 形成各个条条和各级块块内部的既得利益集团，与品级市场的龟状结构互为支撑，维护制度的安全稳固。

无论是以民企为中心，还是以农民为中心，当代中国官家建构出来的龟状品级市场，都显得收放适度、水到渠成、结构精巧，找到了官家集团各种利益最大化的均衡点。

3，品级市场之弊

龟状品级市场的弊病颇多。左派人士批评资本主义市场经济，特别关注一些副产品，如资产阶级法权或机会平等造成了实际上的不平等，两极分化严重等等。这种批评对差序市场的龟壳部分当然适用，那里的两极分化很刺眼，但大体存在机会平等，民营中小企业彼此平等竞争，优胜劣汰，高效而生机勃勃。在龟状结构的四肢和其它行政垄断领域则不然，品级市场里的机会主要依据权力分配，亲贵私属具有天然优势。机会不平等，结果更不平等，两极分化更严重，还缺乏龟壳部分的平等竞争和高效率，缺乏优胜劣汰的市场演替。

---

1 据有关部门经济专家根据官方数据计算，2020 年全国国有企业资本中，非公有资本占 21.6%，总量约为 21 万亿人民币。其中，央企的非公资本占 37.8%，地方国企的非公有资本占 13.9%。这些非公资产是谁的？依据苏联和中国一些国企股份化的经验，有理由猜测某个比例的代理人或他们的白手套变身为股东。

第三节 官市公式和改革开放定律

官家在两千多年盐榷实践中发现：追求自身利益最大化，过犹不及，于是先收后放，在反复调整中接近最佳点。国民党在统制经济的进退中寻找最佳点，也是先收后放。共产党在计划经济和改革开放中摸索利益最大化的那一点，同样先收后放，走出了一个 U 形弯。这种现象反复出现，呈现出某种规律性，前文谓之改革开放定律。

先收后放，官家究竟是怎么算的？前边用统购统销公式解释了该制度的成本和收益的具体算法。同样的算法，也出现在外贸体制改革和要素市场及四大自由的争论与实践中。根据这种普遍性，统购统销公式可以升级为更一般化的官市公式，即官家追求官市利益最大化的基本算法：

官市利益 = 官市总收益 − 官市总成本

官市，即官家建构的品级市场。从管仲到汉武帝，从刘晏到蒋介石，从毛泽东到邓小平，凡是以官家商权垄断取代市场竞争而建构的市场，皆为官市，官市必是某种商权的品级安排。

总收益和总成本，指选定的市场差序组合的成本和收益，如毛泽东时代统购统销三类物资、要素市场和外贸体制极权组合的成本和收益。

按照现代经济学的说法，官市利益最大化的实现条件，就是边际收益＝边际成本。在品级市场建构的过程中，如果官家收回商权有利可图，就会再收一点；如果放开商权有利可图，就会再放一点。如此边际调整，直到无利可图，便到了利益最大化边界。

公式很简单，用起来很复杂。

首先，谁是官家？谁是拍板决定者？官家集团，由皇帝和皇亲国戚、条条块块各级衙门和官员代理人等多重主体构成。这些主体都在追求利益最大化，还可能相互冲突。不过，只要承认暴力最强者拥有最后否决权，官家集团内部的复杂选择，便可以简化为最高权力的选择。至于权贵如何游说皇帝，皇帝如何防骗纠偏统筹全局，那是他们内部的事，这里就不讨论了。

其次，最高权力也有多重利益：个人利益与整体利益，长期利益与短期利益，核心利益与表层利益，物质利益与精神利益，真实利益与想象中的利益，这些利益也可能相互冲突。最高权力对现实的认识还可能被扭曲，他的世界观和价值观也可能发生变化。但有一点相当确定：权力的生死存亡，通常是第一位的。为了提高政治安全度，有了出版市场的"三刀两补"，各个领域的经济效益也一再向政治安全让步。政治安全的核心，对专制统治者来说，正是获取权力并保住权力。

再次，市场参与者众多，他们也在做利益最大化选择，且随时调整各自的博弈策略：合作、躺平、逃亡、走私、反抗。如此造成官家集团的成本和收益波动。

最后，为什么收得太紧官方整体利益减少，适度放开反而提高收益？

前边屡次提到的改革开放定律，可以回答最后一个问题。改革开放定律应该拆解为三个子定律。

第一，自由定律：财富创造与经济自由正相关。自由即在不损害他人利益的边界之内自作自受。这种经济自由的空间越大，追求利益最大化的束缚越少，民众创造的财富越多。

第二，执政者衰亡定律：官家背离自由定律越远，社会经济状况越糟，政权稳定性越差，越容易衰亡。

第三，收放定律：官家趋利避害，收收放放，随时调整自由的边界，直到放权收益与放权损失相等为止。

历史上反复出现的先收后放，就是依照官市公式的算法，在改革开放三定律所描述的正负激励之下，做出来的双赢决策。[1]

那么，适度放开最好，为什么总要先收后放呢？这是打天下

1　详见拙作《改革开放的基本规律——读田纪云〈改革开放的伟大实践〉》，《南方周末》2009 年 10 月 8 日。文中提出改革开放三定律：一、自由定律，二、执政者兴亡定律，三、收放定律。文中对比自然经济、计划经济、奴隶制度和富裕社会，设定了自由定律的有效范围。本书写作期间，我读到周其仁教授悼念米尔顿·弗里德曼的文章《自由何价》，周其仁将弗里德曼教授毕生阐释的经济法则称为"米尔顿法则"，即"普遍的自由导致惠及全人类的经济增长"。这句话将"自由定律"中的经济自由提升为普遍自由，并将作用范围从财富创造扩大到全人类的经济增长。如此升级之后，困扰我的种种限制条件顿时解除，这是更普遍有效的升级版的自由定律。

坐江山的权力集团顺势而为，利用军事化组织优势持续扩张的结果。建国初期高效组织的优势、全面控制的欲望、意识形态的理想、暗税的狡诈、对笔杆子枪杆子的重视、财政的压力、权贵或条条块块和代理人对私利的追求，都可以造成收权冲动，导致一波又一波收紧，撞上南墙才有可能止步回头。

目前，官方主导的官民博弈形成的差序市场，已经从毛泽东时代的极权组合降至半极权的龟状组合，头尾和四肢之外的领域基本放开，一个世界工厂随之诞生。这种大格局已形成20余年，但主政者的价值观和各方各项成本收益的小波动不断，多方博弈并未停止，变迁也未停止。

第四节 "鸟笼经济"

1982 年，在极权向威权体制转型初期，陈云提出了"鸟笼经济"论，描述权力与市场及其主体的关系："搞活经济是对的，但必须在计划的指导下搞活。这就像鸟一样，捏在手里会死，要让它飞，但只能让它在合适的笼子里飞。没有笼子，它就飞跑了。笼子大小要适当。总要有个笼子，这就是计划经济。市场调节只能在计划许可的范围以内。"[1]

随着改革开放的进展，我们看到，鸟笼越来越大，不同的鸟还配有不同大小的笼子，差序组合在不断调整之中。不过，基本原则始终如一：依旧是权力把资本和民众这些产权和市场主体关在笼子里，而不是选民把权力关进笼子里；笼子的大小依旧由官家依据自身利益进行调整，体现了法酬最大化，而不是公民利益的最大化。

1　1982 年 11 月 4 日，陈云《在听取宋平、柴树藩关于国企计划会议和当前经济情况与问题汇报时的讲话》，第 184 页，房维中编《在风浪中前进——中国发展与改革编年纪事（1977-1989）》，第五分册，1982 年卷，自印稿。转引自卢跃刚：《赵紫阳传》下卷，第 892 页，INK 印刻出版社，2019 年 10 月初版

第五节　顶残市场

假如中共十八届三中全会 2013 年作出的让市场发挥决定作用的改革承诺兑现，超过 70 分水平的市场形成，中国就有了基本自由的市场。不过，市场的地位到底有多重要，品级结构是强化还是弱化，仍是一元化领导决定的。最高权力既可以推进市场的自由化，也可以压缩市场的自由度，官市公式依然有效。

最高权力依据自身利益的最大化，确定差序市场如何组合建构，且不受宪法和民众制约，这种权力的威权性质，决定了市场的威权性质。在这种对上负责的体制中，各级各类权力及其代理人，也有比较大的舞弊空间，可以在产权和市场的顶部入侵，形成千疮百孔、或明或暗、时高时低的天花板。这种市场，政治专制而市场的名义纯度较高的市场，可谓威权市场，或者叫差序市场的威权组合。

市场只是社会体制的一部分。借用波兰尼的说法，在 19 世纪之前，经济附属于社会，经济体系是"嵌入（embeddedness）"社会关系的。[1] 他认为，资本主义让社会运转从属于市场，社会关系被嵌入经济体系之中，由此造成了一系列问题，甚至引发了世

1　卡尔·波兰尼《大转型：我们时代的政治与经济起源》，导言，第 15 页，浙江人民出版社，2007 年第 1 版

界大战。

从中国的历史经验看，"嵌入"（to lay in a bed）并不是一个好概念。据说这个概念来自采煤业，煤"嵌入"矿床，采煤相当于"脱嵌"。但汉武帝榷盐榷铁或邓小平放弃统购统销，并没有在中国社会中嵌入或剥离一个异质的东西，他们只是在官家大一统社会里调整了盐铁或粮棉油的商权边界。今年向右挪了两尺，明年还可能向左挪回一尺，收收放放乃是官家的常规动作。至于"社会运转从属于市场"，中国人习以为常的是社会运转和市场运转一概从属于官场，倘若颠倒过来，官家主义大一统社会的强制命令逻辑从属于市场的契约逻辑，哈耶克所谓的自由秩序便诞生了。

总之，威权市场，即缺乏契约性政治体制配套的契约性经济体制，无论内部结构如何貌似完整，从整体和全局的角度定义，依然是一种残缺市场。在这种市场里，面对来自顶层权力的侵犯，所有市场主体都缺乏抵御能力。因此，这种残缺市场，可谓"顶残市场"。顶残市场中的商权，可谓"顶残商权"。

第六节　贩私和投机倒把罪

违禁制造或买卖官榷货物的罪名，两千多年来不断见诸各种记载。例如私贩盐、铁、茶、酒（麹）、矾、军器、马匹、香药、宝货等。这些罪名零散，但有一个共同的构词方式：违禁动作（犯或贩）＋违禁主体（私）＋违禁物（盐铁茶等）。例如犯下私贩盐的罪，就叫"犯私盐"。

在当代学者的分类中，上述罪名属于"危害中央集权的经济犯罪"，与危害君主专制、侵犯人身安全、侵犯私有财产、妨碍婚姻家庭等犯罪并列。[1]

私贩盐铁等官家禁榷货物，损害了官家的商权垄断，但在两千多年的历史长河中，并没有形成统一的罪名。中共建政之后，推动社会主义改造，把市场经济看作产生资本主义和资产阶级的土壤，特别注意限制市场在资源配置中的作用，限制交易品种、限制入市主体、限制交易行为，官方的经济利益与政治利益和伟大理想融为一体。在三十多年的限制和反限制中，出现了一个统一的罪名："投机倒把"。倒卖商权受限的物品和重要的生产资料，私人长途贩运，连同私下制造一起，都属于投机倒把行为。

投机倒把罪名的滥用和滥罚在文革中达到高潮。1970 年中共

1　张晋藩主编:《中国法制史》，第 175 页，群众出版社，1991 年第 1 版

中央发动了声势浩大的"一打三反"运动——打击现行反革命破坏活动、反对贪污盗窃、反对投机倒把、反对铺张浪费。贪污盗窃和铺张浪费冒犯了官家产权，投机倒把冒犯了官家商权。1970年2月5日发出的中共中央5号文件《关于反对贪污盗窃、投机倒把的指示》，重申了商权垄断："除了国营商业、合作商业和有证商贩以外，任何单位和个人，一律不许从事商业活动。……一切按照规定不许上市的商品，一律不准上市。……任何单位，一律不准到集市和农村社队自行采购物品。不准以协作为名，以物易物。不准走'后门'。"文件要求粉碎阶级敌人在经济领域的进攻，保卫社会主义，枪毙一批最严重的投机倒把犯。三个月后，据黑龙江省革委会人民保卫部统计，该省在"一打三反"运动中被定为贪污盗窃、投机倒把分子的已达 72069 人。[1]

1979 年，文革结束不久，"投机倒把"作为规范化的罪名写入中华人民共和国刑法第 117 条："违反金融、外汇、金银、工商管理法规，投机倒把，情节严重的，处三年以下有期徒刑或者拘役，可以并处、单处罚金或者没收财产。"和古代盐铁一样，外汇金银都属于禁榷物，此时中国对违禁行为的处罚力度也和明朝一样：徒三年，财货入官。与文革中不同的是，投机倒把的罪名不再有阶级斗争之类的政治色彩。[2]

---

1 《黑龙江省志·第70卷·共产党志》，黑龙江人民出版社，1996年，第251页。转引自杨继绳：《天地翻覆：中国文化大革命历史》，第18章，香港天地图书出版社

2 张学兵：《当代中国史上"投机倒把罪"的兴废——以经济体制的变迁为视角》，

1987 年，国务院发布《投机倒把行政处罚暂行条例》，将倒卖政府禁止自由买卖的七大类物品和涉及定价、报销、协助违禁交易等三大类行为定义为投机倒把。禁止自由买卖的物品包括：国家计划分配物资和专营商品、发票批件执照和许可证、文物金银外汇、非法出版物、假冒伪劣商品等。照此标准，与当代出版市场有关的书号买卖和非法出版物印制销售便是"投机倒把"。

1997 年《刑法》修订，取消了投机倒把罪。2008 年 1 月，国务院公布了《关于废止部分行政法规的决定》，《投机倒把行政处罚暂行条例》在列。2011 年 1 月，国务院又公布了《关于废止和修改部分行政法规的决定》，其中包括了删去《金银管理条例》和《国库券条例》中关于"投机倒把"的规定。至此，投机倒把的概念彻底退出现行法律法规。[1]

投机倒把罪名的形成、扩张、收缩和废除，历时半个多世纪，与当代差序市场的 U 形变迁大体一致。

以刑罚震慑侵犯官家商权者，可以维护官市并获得相应收益，也必须付出执法司法成本。官市收益越高，走私激励越强，在对抗升级中还会生成武装走私集团，王仙芝、黄巢、张士诚等撼动王朝统治的造反者便出身于此。这种不断对抗升级的成本，制造问题然后解决问题，制造市场残缺然后维护残缺，争抢蛋糕而不做大蛋糕，消耗了巨量的财富，属于社会净损失。

《中共党史研究》，2011 年第 5 期

1　同上。

3 第三章
品级产权及其演变

　　按照常规定义，产权即财产所有权，由占有权、使用权、收益权、处置权构成，法学界称为四大权能。处置权即自由处置财产如转让、闲置、出售甚至销毁的权利。有的定义特别强调出售的权利，将交易权单列一项，便有了五项权利。其实，处置权不仅包含了交易转让权，还应该包含使用权，自用和转让只是处置的不同方式。张五常先生干脆取消了处置权，将产权分解为四条：所有权、使用权、收入享受权、自由转让权。[1]

　　如果把以上四项权利看作一束木条，每根木条还可以截短甚至干脆抽走（如当代农村集体土地不许买卖但承包经营权可以"有偿转让"），便形成了一系列残缺度不同的权利组合。完整的权利束就是完整产权，有残缺的权利束就是残缺产权。

　　古代中国是农业社会，土地是最重要的财产。从产权的权利束角度看，在中国古史记载里，土地的所有、使用、收益和转让

---

[1]　张五常：《制度的选择》，经济解释卷三，"私有产权的结构"，第 81 页，花千树出版有限公司，2002 年

权，最初是包含在领主权或曰"有限主权"之中出现的。

古史传说，大禹治水成功之后，"赐土姓"——赐土以立国，赐姓以立宗。[1] 大禹划分九州，"任土作贡"——依据土地状况，制定贡赋的品种和数量。[2] 封建诸侯处置天子赐土的方式，据说就是井田制——发端于唐虞夏商，完备于西周，败坏于春秋战国。[3] 在一系列制土分民、制田制赋、制民之产的分类建构中，形成了王田、公田和不许买卖的私田。当代中国的差序产权，真可谓源远流长。

下边先横后纵，描述并追溯差序产权的结构和演变。

第一节 品级产权的当代形态

一，当代出版界产权的"两界多层"

我熟悉的一家杂志，和前边提到的"中经报联"一样，从创办起，政府就没投资一分钱，没给一个编制，全靠自己筹资招聘，在市场上打拼，不仅打进了报刊发行市场 50 强，影响力也名列前茅。这家杂志之所以能拿到刊号，即报刊出版市场的准入证，主要凭借前副国级领导人创办的民间社团的权贵身份，加上部级

---

1 《史记·夏本纪》

2 《书经·禹贡序》

3 《玉海·田制总叙》

离休高官的巧妙周旋。这类有权贵背景的民间产权主体，不妨称为"权贵民企"。但权贵也不能公然坏了"非公莫入"的大规矩。每年二三月份报刊年检时，仍要戴上一顶红帽子，承认自身产权的国有性质，双方互给台阶，睁一只眼闭一只眼，通过各种关卡。

"权贵民企"在官家界内。更准确地说，位于差序产权官家界内的地下。

官家界内都是国有产权主体，但也有高层低层之分。中共中央的《人民日报》，各省各部的机关报如《河北日报》和《农民日报》，既享有进入出版市场的特殊商权，又享有作为"公益二类事业单位"的财政补贴。多重特权装备之下，待遇远超市场平等竞争的起跑线，可谓高层特权主体。

低层国有产权主体，享有进入出版市场的特殊商权，但不享受财政补贴。作为"公益三类事业单位"，只能自收自支，例如南方报业集团的《南方周末》，可谓普通特权主体。

权力的等级划分复杂细密，特权主体有多种分类排序方式，这里只分"高级"和"普通"两档，示意特权圈内存在品级。

官家界外是民企。改革开放之后，民间资本获准进入书报刊发行市场，但不准从事出版业务。要进入出版领域，只能通过"戴红帽子"或买卖书号之类的方式从地下潜入。

为什么说"权贵民企"位于官家界内的地下？我熟悉的那家杂志，还有"中经报联"，都戴着"公益三类事业单位"的红帽子，自收自支，属于官家界内的普通特权主体。但红帽子之下隐藏着遭禁的民企。它们是改革混乱期的模糊地带的产物，甚至是潜规则的产物——倘若后台不硬，倘若规则清晰，倘若执法严明，原本不该存在，不得不如黑市一样在地下生存。2013 年之后，意识形态收紧，执法随之严明，红帽子下的民身被迫换作官身，"权贵民企"几乎都被收编了。

如果说戴红帽子的民企位于地下，那么，地下还分一二三层。"权贵民企"后台硬，即使被收编，权贵代理人之间讨价还价，经济补偿也不至于低得离谱。"中经报联"后台不硬，强行收编时下手更狠，补偿低得近似抢劫。至于印制"非法出版物"的地下团伙，一旦被查获，财产罚没之外还有牢狱之灾。

上述差别，官民两界，地上地下多层，体现了"两界多层"的品级结构，这就是当代中国出版界的产权差序格局。

这种制度安排究竟有什么好处？对谁有好处？

在党的领导看来，出版界属于宣传阵地，关系到政权稳定，占领阵地的必须是自己人。体制内的条条块块，人、财、物全面受控，据此建立的主管主办单位制度，权、责、利归属清晰，既可以满足各级党政部门的宣传和交流需要，又容易维护意识形态安全，减少杂音，清除反调。同时，在书报刊发行和广告市场，允许民营主体进入，可以借助市场竞争提高效率，优化资源配置。这种制度安排，实现了党的效用最大化。

禁止民间主体进入出版市场，制造民间产权主体的残缺状态，将大批高效率的潜在竞争者排斥在外，当然不利于市场竞争，不利于发挥各种资源的使用效率。但政治的头号问题是分清敌我，效率首先也要问谁的效率。出版者和作者要当好党的喉舌，为谁服务是第一位的，服务效率是第二位的。

提前说一句：经济为政治服务，正是"官家主义政治经济学"的基本原则。马克思用 M-C-M'（货币－商品－货币'）描述资本主义的运行特征，货币增值（M'）是每一轮循环的目的和总目的。作为资本的总公式，M-C-M'给出了资本主义社会的运行动力、循环积累过程及政治经济乃至社会文化的主导原则。套用此法，我们可以用 P-W-P'（权力－财富－权力'）描述官家主义的运行特征，权力的保值增值（P'）才是每一轮循环的目的和总目的。在升官与发财两者之间如何选择？官家主义社会的常规答案是升官而不是发财。有了权，没有钱可以有钱，反之则未必。

P-W-P'是官家主义的运行动力和社会文化的主导原则，改革开放的"以经济建设为中心"偏离了这个基本原则。顺着新原则的逻辑走下去，社会主义或官家主义有可能演变为资本主义。出版界品级产权之类有碍经济效率的制度，正是防范和平演变的精心安排。

二，当代中国产权的"三界多层"

出版界的品级产权结构为"两界多层"，中国产权的整体结构，还要加上外资，从两界增加到三界。

1，官界

官家界内是国企特权主体。如出版界显示的那样，特权还有高级与普通之别。其中，国有银行长期享有的垄断地位，不仅体现了自身的特权，还可以通过贷款的方向、利率差异、追责方式等等，推动资源配置向国企倾斜，强化国企的地位和特权。

国企的效率普遍低于民企。如果用特权还扶不起来，亏损严重，又不是重要领域，无所谓政治效用或"战略意义"，官家不妨"抓大放小"。出版界的发行销售领域就发生了这种民进国退，类似历史上盐榷的官运官销改商运商销。

所谓国企，在官家集团主导的国家应该叫官企，产权到底归谁所有，一度模糊不清。党、各级政府、计委、财政部，到底谁担责，谁受益？改革开放后，通过设立国资委和股份制改造等方式，产权归属比过去清晰了，但激励和约束力度仍然比不上私有产权——盈利者未必喜，亏损者未必痛。科奈尔所说的"预算软约束"也仍然存在。

科奈尔教授曾用家庭抚养子女的例子描述政府与国企的关系，用大学毕业前后美国孩子与父母的关系比喻预算软约束。孩子离家上大学，除了学费和生活费，孩子额外要钱，父母通常会给。即使毕业工作了，遇到困难父母仍会出手援助。中国官企的预算软约束不仅与企业是否长大成年有关，还与企业品级有关。同是毕业工作的成年人，嫡出与庶出、长子与幼子、儿子与女儿，再加上私生子私生女，待遇各自不同。

央企好比共和国的嫡子，地方国营好比庶子，公私合营好比女儿。

私生子女，可以比喻一种介乎官民之间的产权类型，即权力代理人的私产。在法律和名义上，权贵私产并不姓官，背后却有官权的加持，尽管这种加持未必合法。这种产权的潜规则边界大于平民产权，天花板也更高更坚固。在古代，官员的私产还合法享有杂役优免权之类的特权。权贵私产向后退隐，产生了白手套代持现象。向前推进，可以产生豪门资本或门阀资本，再进一步就是封建贵族的合法领地，政权与产权合一了。

2，洋界

官家界外，地位较高的是外资。外资又分为美国的、欧洲的和港台的。来头越大，官家权力越惹不起，产权保护度越高。

一般说来，国内平民都在官家权力的威逼利诱范围之内，对民企不必客气。外资在权力控制范围之外，享有海外公民权，可以利诱却难以威逼，退出权大体完整，外资待遇自然高于民企。很多民企因而冒充外资，当"假洋鬼子"。

洋界是西风东渐的产物，传统的中国社会经济结构随之一变。

3，民界

民企通常无权无势，地位排在国企和外企之后。套用科尔奈对政府照顾企业程度的分级，民企属于"零级"，即自生自灭的"编户齐民"。

但是，民企内部的实际结构非常复杂。有权贵民企、有戴红帽子的、有挂洋旗的、有获得产业政策支持的、有国资入股搭车的、有黑道保护的，还有老板成为人大代表或政协委员的。倘若某位老板的父亲官居一品，在一品官权的加持下，权贵私企的特权地位很可能高于央企——寄生于央企甚至掏空央企。民企的名义品级虽然为零，实际却有普通民企和"特惠民企"之分。

官、洋、民三界之间有许多过渡地带，如股份制、混合所有制，民企中的干股、拥有否决权的"金股"等等，呈现不同深度的权力介入。

4，顶残与品级产权

引入外资之后，两界多层的品级产权，演化为三界多层的结构。品级产权从特权到产权再到残缺产权，呈现为三层大台阶，每层大台阶上还有许多小台阶。

但是，无论产权和特权的级别多高，面对更高级别的不受制约的政治权力，面对来自上层的入侵，或大或小都有敞口，总有不同程度的残缺。反过来说，即便是残缺度最高的产权，如盗版书商的产权，欠着官家的刑罚，他们的产权对身边的平民和顾客依然有效。

以编户齐民制度下的农民为例。如果有人多占了邻人土地，必定引发维权反应。第一反应是自我救济，或讲理或吵架。不管用就走第二步，找第三方评理，直至打官司。两者都不管用，还有第三步，就是寻求法外救济，报复使坏直至械斗杀人。总之要让对方得不偿失。

如果侵权者是比较有权势的村长镇长，自我救济失灵之后打官司，其效力恐怕要打六折。如果镇长的亲家正是审案的县太爷，恐怕打三折都止不住。侵权者权势越大，折扣越重，呈现品级结构。在这种结构中，县太爷面对上级如知府、巡抚、御史、王爷、皇帝，产权照样打折，对方权势越大，收拾你的官场手段越多，折扣越重。

外资进入中国，如果赶上最高权力不在乎洋人感受的时代，也难免进入顶残序列。顾准说，1949 年接收上海之后，他加重地价税，让外国资本家的房产收入抵不上地价税，一年就把外商的房地产变成了负资产，"肃清了帝国主义在上海的残余经济势力"。

加税是政权的合法权力。顶残竟残得如此合法，可谓大一统的体制特征。在这种体制中，每一层权力代理人都有"合法伤害权"，都可以制造顶残。

在市场上，残缺产权的价值，必定随着残缺度打折。例如农村集体土地上的"小产权房"，价格可能还不到附近商品房的一半。遭到权力入侵的各界产权，即使在美国上市，即使是海外的一流企业，股价也可能因政策变化遭遇重创。顺着"顶残"的逻辑说下去，顶端权力的侵犯性越强，手段越多，产权的相对价值越低。

官、洋、民产权的三界多层结构，好像底大顶小的三层台，最低层，顶面积最大，保护度最低。位置越高，顶面积越小，保护度越高，特权越多。但除了至高无上的皇帝之外，没有任何人可以宣称自己产权和人身权利不受侵犯。"顶残产权"与"品级产权"于是合为一体。

品级产权有一个大弊病：保护度逐层提高的产权主体是权力拥有者，生产经营只是他们可以用权力协助的副业。纯粹的生产经营者开拓创新的动力最强，最应该全力以赴，偏偏保护度最低。

5，制造顶残：戴罪生存与赎买自由

还以我熟悉的那家杂志为例。

进了出版界，所有书刊出版机构都必须服从重大选题备案制度的规定。这种规定，在实施中加了一个未见上级回复不得印刷的模糊条件，备案制度在印刷环节中转变为审批制度，迂回违宪便悄然完成了。

对于重大选题的界定，也同样设计了这种精巧的模糊性。例

如"涉及中共党史上的重大历史事件和重要历史人物的选题"，什么算重大事件？谁算重要历史人物？什么算"涉及"？这种模糊性赋予掌权者宽泛的合法伤害权，管制对象动辄得咎，模糊而普遍地处于戴罪生存状态。

不仅在新闻出版领域。条条块块的各种权力，从消防到环保再到城管，在自我授权的立法定规中普遍埋伏了这种模糊性，如"涉及社会安定等方面的内容"之类。凭借这种模糊授权，权力的各级代理人总有理由威胁你，敲打你，让你听话，不服从就合法地收拾你，直至消灭你。例如，如果管理者有意找茬儿，随时可以挑出几篇涉及重要历史人物的文章，哪怕只有几句话，指责杂志违犯重大选题备案规定，年审时不盖章放行。没有这个章，征订、印刷、运输皆属非法，杂志就死掉了。

如果有人不服上告，例如在确认重大选题之类的问题上申请行政复议，最后裁判的，恰好就是新闻出版广电总局自身，被告便是执法者兼立法者兼裁判。作为被告的中国权力的最高裁判，当然也是中国的最高权力，一元化的权力。

在这种体制下，即便是完全合法的产权主体，也摆脱不掉说大就大、说小就小的对权力的负债甚至负罪。一元化的权力不受监督，不受制约，还故意设定了一些模糊的难以企及的高标准，让产权主体陷入戴罪生存状态，迫使当事人赎身赎罪。

顶残，既是一元化权力刻意而为的顶层设计，也是条条块块大官小吏努力扩展的利基。

在重大选题备案制度之下，期刊出版领域的产权主体受到什么影响？打个比方说，我家的土地，不许我出售建厂或自己盖房倒也罢了，今年禁止种大葱，明年不许种白菜，后年连玉米也不让种了，组成土地产权的权利束中，权利细条被一根根抽掉，一刀刀削短，土地产权的价值自然随之打折。重大选题制度覆盖越广，行政禁令越多，顶残敞口越大，戴罪生存现象越普遍，产权打折就越狠。如果这块地只能种植官方指定的某种亏本作物，不种还要罚款判刑，如宋朝四川榷茶地区禁止茶农砍掉茶树改种赢利作物那样，那么，产权的价值将成为负数，成为债务，我们就会见到农民弃耕外逃。好似 1950 年上海外资弃产外逃。

面对找茬儿、禁令和禁区，当事人的主流反应就是花钱买平安、买自由和买特权。买平安是被敲诈，买特权是行贿，买自由就是用买书号或戴红帽子交管理费之类的方式赎回宪法规定属于公民的出版自由。官家主体在卖书号之类的特许权上获得的收入，经济学界通常称之为"租"，我更愿意称之为"法酬"，即血酬的升级版。[1] 这是凭借合法暴力即权力要素获得的收入。

时间久了，民间出版者发明出性价比更高的合作办法：将出版环节的核心权利与外围权利剥离，分解为选题策划、组稿、编辑和终审等环节，成立民间文化公司或咨询公司，专营出版选题

1　血酬就是暴力掠夺的收益。法酬＝全部税费 - 公共产品价值。详见拙著《血酬定律：中国历史中的生存游戏》，第 1 页和第 7 页。语文出版社，2009 年 4 月第 1 版

策划和组稿编辑，蚕食外围权利。原来，出版权和产权一样，也是一束权利，可以分解为选题权、组稿权、编辑权、终审权和发行权等等，每项子权利还能配上相应的收益权。看明白后，民营出版者就能像切香肠那样，一片一片地切下出版权而不犯禁。从国营出版社的角度看，出版权的核心是终审权，抓住了终审权就可以保障意识形态安全，外围权利不妨外包，交易风险并不大。他们愿意被蚕食，愿意借助民间机构的市场眼光和编辑力量，如此形成了合作出版的各种模式。

　　总之，当下中国的差序产权，宏观体现为从央企到外企再到民企的品级产权，微观体现为产权各项子权利被抽空截短的程度。官家制造垄断并抽取截短权利细条，民间的对应动作是切片、赎回或冒充官身。双方互动，建构出层次复杂的权利结构。高效主体可以在新空间里获利，因而有赎买冲动，于是品级特权被货币化，在交易中转移填平。这种博弈在历史上多次重复，后边还会看到。

第二节　品级地权演化大略

一，皇土公式：以"跑马圈地"为例

"普天之下，莫非王土；率土之滨，莫非王臣。"《诗经》里的这个说法，道出了周代的共识。天下是周武王打下来的，周公说这是天命。"枪杆子"与"笔杆子"联手，将"王土王臣"打造成主流观念。

秦始皇废封建立郡县之后，"王土王臣"的版本升级为"皇土皇臣"："六合之内，皇帝之土。……人迹所至，无不臣者。"两千多年后，在大陆和台湾的土改中，我们还能看到皇土版再次升级为党国版。

中国地权演化的基本逻辑，就是趋向"王土"或"皇土"效用的最大化。更准确地说，是土地要素与人力要素及其配置的综合效用最大化。天子要"尽地力"、"尽人力"，用土地激励耕作、激励军功、自养、养亲、养官、养兵、养官府办事等等，而这些用法又有各自的成本和副作用，皇帝选择自身利益最大化的土地用法。

如何追求皇土效用的最大化呢？很简单，面对每一项更改土地用法的政策建议，例如分给某些人、收归国有、禁止或放开土地交易等等，皇帝决定批准还是拒绝。皇帝的算法，可以用皇土

公式描述：

总利益（皇土不同用法及用量）= 总收益 − 总成本

以满清入关跑马圈地为例。[1] 从顺治元年（1644）到顺治四年，清政府三次大规模圈地，圈占 15 万-22 万顷良田，这是总收益。受益者是皇家（0.9 万顷）、王公宗室（1.33 万顷）和 20 万左右八旗官兵。失地者心怀不满，群起为盗，支持叛乱，社会动荡，这是社会成本和政治成本。旗人不擅农耕，很多土地荒芜，这是经济成本。

各项成本与收益比较，孰大孰小？入关之前，八旗官兵自备武器马匹，圈占关内十几万顷耕地，可以养兵、奖励军功。有了兵马和士气，才能对付李自成的大顺军、张献忠的大西军和南明政权的武装力量，才能打天下坐江山。相比之下，华北的叛乱和群盗算什么？全国土地数百万顷，几万顷撂荒又算什么？这里有政治账、军事账、经济账，有皇亲国戚和王公勋臣的家产收支账，还有长期账和短期账。总账算下来，收益大于成本，圈地有利可图，于是一圈再圈，追求利益的最大化。

不过，圈地的利益随着圈地次数的增加而下降。1645 年 1 月第一次圈地时，"东来诸王、勋臣、兵丁人等"无处安置，而明朝皇亲国戚公侯太监在北京附近的土地和民间无主荒田很多，圈地的成本低收益高。1645 年 11 月第二次圈地，范围扩展到河

1　有关跑马圈地的政策和数据，参见戴逸主编《简明清史》第一册第 196-204 页，人民出版社，1980 年 6 月第一版

北遵化、河间和滦州等地，"凡无主之地，查明给予八旗下耕种"。受益者的地位低了，距离远了，收益就不如第一次。1647 年 2 月第三次圈地，主要为了安置过去一年从满洲入关的旗人，范围仍在河北遵化、河间、保定和易州一线，但不再问有主无主。圈占有主之地，成本自然更高，给失主调换更远去处的土地，麻烦不说，不满和反抗也少不了。

此时，大敌基本扫平，入关的旗人大体安置完毕，还应该继续圈地吗？ 1647 年，第三次圈地之后，清政府下令："自今以后，民间田屋不得复行圈拨，著永行禁止。"话虽这么说，零散圈地仍在持续。1651 年，清政府下令纠偏："将前圈地土，尽数退还原主。"

在中国历史上，类似的反复和纠偏很常见。过犹不及，这是调节分寸、追求利益最大化的表现。用现代经济学的术语说，圈地利益最大化的实现条件，就是边际收益 = 边际成本。如果圈地有利可图，就会在原来的基础上再圈一次，新增的好处即为边际收益，新增的代价即为边际成本。如果利益是正数，就应该继续圈。如果圈过头了，新增成本大于新增收益，利益是负数，就应该退还原主。如此反复调整，直到无利可图，调整利益归零，圈地利益最大化的边界就确定了。

根据同一算法，我们也可以建立一个皇民公式：皇帝选择人力资源效用最大化的用法，用于耕作、用于战争、治河开路、修建宫殿陵墓等等，并且随时根据需要调整用法，改变人力资源的投向和力度。皇民公式的视角，用网络流行语来说，就是"人矿"的视角——把人看作皇家拥有的自然资源。

劳动要素与土地要素之间，还可以建立不同深度的关系。如果把土地产权直接分拨给"人矿"，土地收获归己，就可以充分调动"人矿"的生产积极性，让他们有一分热发一分光。如此既尽地力，又尽人力，同时达到两种资源效用的最大化。如果把土地收归国有，或者分给王公勋臣，官家就要费心费力监督劳动者，以免他们一分热只发半分光，甚至吃饱了饭还不肯发光。

儒家所谓的"制民之产"，五亩之宅、百亩之田，有恒产者有恒心云云，粗略描述了王土与王民的理想组合。封建贵族依据亲疏关系和功劳大小，分得数量不等的王土，"封建亲戚、以藩屏周"，可谓王土与王臣的理想组合。

从皇土公式的角度看，兴修水利，国土整治，都是官家应当应分之事。作为"亚细亚生产方式"主要特征的治水，只是皇土公式之下的小选项，只是提高土地收益的技术方案。这类方案有助于强化皇权，却不是皇权的来源。打天下坐江山的核心资源是暴力，并不是治水能力。从来也不治水甚至专搞破坏的人照样夺取天下，例如成吉思汗。暴力可以支撑否决权，最高权力据此打压竞争对手，打压各种资源的不利用法，选择对自己有利的用法，于是有皇土公式。

皇土公式给历史实践和意识形态留出了位置：在每次调整用法之后，决策者必须等待实践结果逐渐浮现，搜集信息，加工整理，形成新观念。例如，"封建亲戚、以藩屏周"，就被历史实践证伪了：事实并不如想象的那样温情脉脉。但改制也不容易，首先需要改变观念，从秦始皇的废封建立郡县，到贾谊的《治安策》，再到柳宗元的《封建论》，改变封建观念用了上千年。同时还要支付制度变迁成本，例如削藩引发的吴楚七国之乱。

经过长期试错调整，演化到明代，中国地权呈现为"两界多层"的品级结构，与当代观察到的产权结构近似。在这种结构中，不同产权承载的权利义务大不一样。

二，明代田制横截面

按照《明史·食货志》的说法，明代田制，有官田，有民田。官民两界是一级分类。

官家界内，最高层是皇庄，次高层是皇亲国戚及勋贵的庄田，如王庄官庄。王庄是皇帝赐予的，载于"金册"，免粮免差。再往下是条条块块的官产，如养军的屯田、养学的学田、养官的职田。唐宋和明初的职田如同官宅吏舍，是衙门的官产，使用权和收益权归在职官员，离任交还。最底层是官员私家的优免田。官员享有不同品级的赋役优免权。万历十四年（1586）《优免则例》规定，一品京官免田一千亩，免丁三十，逐级递减至九品，免田二百亩，免丁六。举人生员免田四十亩，免丁二。[1]

享受不同品级特权的勋贵官绅地主，侯外庐先生称之为"品级性地主"，把列宁笔下的俄国"身份性地主"中国化了。品级性地主与品级性产权同构。

高品级产权免去了一些义务，配备了特权，更有生存竞争优势，因而招来众多的"投献"和"诡寄"者，他们托人花钱，像当代"戴红帽子"那样戴上乌纱帽甚至王冠，于是，优免田越来越多，"王店"遍地开花，民田和官家税赋随之减少。对投献和诡寄行为，从明初到明末都有处罚规定，[2]这些高品级产权的冒充者位于官界的地下。

民间田产也分品级。

按照中国传统分类，举人生员属于士农工商中的士，他们有做官的资格，但未必是官员。退休官员有做官的履历，但不再是官员。这些人出入官民之间，如果划入民，作为四民之首，他们名下的田产享有特权，位居编户齐民之上，其合法性高于当代的"特惠民企"。

按照中国共产党的理论，民间产权必须做阶级分析。地主的土地是剥削工具，其中有绅权的大地主即"地主豪绅"剥削性更强。中农的土地用于自耕自食，无剥削性。再往下就是贫农，他

1　关于优免则例的内容，转引自黄惠贤 陈锋主编《中国俸禄制度史》，第470页，武汉大学出版社，1996年10月第1版

2　张显清：《明代土地"投献"简论》，《北京师院学报》1986年第2期

们租种地主的土地，只有土地的使用权，以半数左右的劳动果实交地租，受地主剥削。如此即可分出三档。

不过，这种划分方式，中国古人未必认可。所谓编户齐民，平民地主与中农和贫农在市场和产权领域里一般高，谁都没有特权，佃户未必低人一等。古人之见虽然有理，但是，在新的阶级观背后，隐藏着巨大的利益，即所谓不同的阶级讲不同的理。这个话题后边还要细说。

明代佃户的佃权，在长期租佃中发展出田面权，又称田皮权，这是可以单独出售的。与此对应，原田主的产权被称为田底权或田骨权。一田一主发展为"一田两主"，即皮主和骨主，皮权与骨权的比值大概在三七和五五之间。[1] 用当代西方概念表述，骨权或田底权近似所有权，皮权或田面权近似占有权和使用权。有时皮主将土地耕作权出让，即占有权与使用权分离，自己作为"二地主"吃一笔"小租"，一田便有了三主。

前佃与后佃及田主如何博弈，田面权如何自立门户，日本学者寺田浩明有精彩论述。[2] 读者可以看到，田面权的形成，从索取粪土银到威胁使坏，浸透了血汗，还要经过漫长的时间和多次转

---

1 土改时的官定比值是 3:7，见方恭温：《实行土地所有权公有和使用权农民私有》，《改革》杂志 1999 年第 2 期。土改时时人人躲避地主身份，地主没有议价权，田底权的比重容易高估。我在其他地方看到的数字，大概在四六开 - 五五开之间。

2 寺田浩明：《权利与冤抑——清代听讼和民众的民事法秩序》，《明清时期的民事审判与民间契约》，第 203 页，滋贺秀三、寺田浩明、岸本美绪、夫马进著，法律出版社，1998 年 10 月第 1 版

手确认。在编户齐民内部改变旧的权利边界，拆分权利束，生出二地主，很不容易，却又不失公道。

三，官田演化的故事

讲述官田演化的故事，按照明代"两界多层"的产权结构，应该分为四个小故事，分别讲述皇庄、王庄、条条块块的公田和官员优免田的来历。

以王庄为例。王庄，以及所有皇亲国戚和勋贵的庄田，属于官家界内的次高层地权。王庄来历的故事，其实是废封建立郡县的故事。

周天子留王畿以自养，制土分民以养亲尊贤，"封建亲戚，以藩屏周"，实现了王土效用最大化。

贵族从天子手中"受民受疆土"，"公食贡，大夫食邑，士食田，庶人食力……"连土地带人民，层层分封下去。诸侯国的二级有限主权分割了周天子主权，大夫封邑的三级有限主权分割了二级有限主权。

有限主权的核心是有限武力，包括规模受限的兵力和城墙长度等等。从孔子堕三都到三家分晋，我们看到，各级武力都有扩张企图。随着武力扩张，三级有限主权可能升到二级，如三家分晋；二级可以升到一级，如秦国一统江山。在此过程中，礼崩乐坏，天下大乱，生灵涂炭。封建制度的这些成本得以确认，需要数百年乃至上千年的反复实践。

秦始皇总结周朝八百年实践的教训，废封建立郡县。汉初总结秦朝短命无援的教训，半封建半郡县。汉代诸侯王掌握了王国的军权、财权和行政权，有土有民，封建之弊随即重现，内战再起。叛乱平息之后，封国封邑的规模及其"权力束"遭到削减。领主权力束中的军权、人事权和行政司法权被逐步削减抽空之后，"诸侯唯得衣食税租，不与政事"，"势与富室亡异"。[1]

西汉之后，封建制度演化的大趋势就是越封越虚。在有限主权的连续谱上，封国退化到封土，封土退化到封户，领主权退化到食租税权，食租税又退到食岁禄。明代藩王主要吃岁禄，庄田租米被看作岁禄的替代。明成化六年（1470）进一步规定，诸王庄田子粒（地租）由州县收取，王府不得自行收受。这就是说，诸王没有管业权和收租权，对土地的掌控程度还不如地主。[2]清代干脆取消了明代的藩国制度，诸王不能就藩，只留下宗室王公的庄田。[3]

宗亲和勋贵的庄田，从有限主权向品级产权一路弱化过来，既达到了养亲尊贤的目的，又削弱了他们犯上作乱的能力。这种弱化趋势的反面便是皇权的强化趋势。皇权强化趋势的背后有一

---

1 《汉书·诸侯王表》
2 《中国俸禄制度史》，黄惠贤 陈锋主编，第410页，武汉大学出版社，1996年10月第1版
3 同上，第514页

家独大的常备军支撑。至于大趋势中的几次小幅回调，如汉初和西晋的封建复辟，还有明初封藩授予师级规模的护卫武力，总要招灾惹祸随即纠错，不妨看作个别皇帝算错了账，高估了诸侯的"藩屏"价值，低估了叛乱风险。

皇庄、职田和优免田的演变，和王庄的故事一样，可以看作最高权力追求这三种土地用法的效用最大化的过程。

皇庄。皇帝直接当地主，貌似对皇帝有利，但太监和庄头吃拿卡要、作威作福和跑冒滴漏等弊病甚多，扣除这些成本，未必比编户齐民收皇粮合算。皇庄最大的受益者其实是太监。于是，皇庄的规模，与皇帝受太监影响的程度成正比，与皇帝的精明苛察或理想主义精神成反比。这种计算结果，即税收利益＞产权利益，也可以看作各类官产私有化乃至国企私有化的重要条件。

职田。从西晋到明初，本来是皇帝按照官职大小分配的禄田或菜田，充当俸禄或补贴俸禄，以此养廉。职田好比在职官员的自留地，他们希望增产增收，往往借助职权，迫使职田所在地的保正催逼勒索，或派遣亲信下乡监收侵渔百姓，还不管救灾蠲免，养廉的效果往往比不过养贪。各地职田多少不均，历年丰歉不匀，也让官员推三阻四，造成了很多内部矛盾。于是，在千年尺度上，职田波动下行，渐渐无足轻重。明初又试了一回，便转向简单的俸禄发放。

优免田。皇帝照顾各级官员的尊严，让他们专心本职工作，免了摊在田土上的杂役。针尖大的洞，碗口大的风。明末的优免规模在名义上就能扩大十倍，实际"冒滥"更多。结果官员中间受益，皇帝和平民两头受损。清初堵漏，逐步取消了优免权。

条条块块各级衙门的公田，如屯田、学田、驿田、公廨田等等，名目繁多，类似当代军产、校产、县产以及条条块块各级小金库，各自都有兴衰故事，底层逻辑都可以用皇土公式描述。这里不一一展开。

总起来说，官家界内的品级产权，在历史演变中趋向简化，从领主权向品级地主权乃至编户齐民业主权的方向简化。这是一级趋势。一级趋势背后是比较低的叛乱风险，还有比较低的监督管理成本。与此对抗，官家集团之内的不同主体，要求皇帝的恩惠赏赐，努力扩大等级特权，维护有利于自身的品级地位，这是二级趋势。乱世之中，趁皇权失控之机，藩镇割据，豪强扩张，坞壁林立，庄园山寨土围子形成，也属于二级趋势。

这两种趋势，在改革开放后官界产权的演化中同样存在。政企分开，把各个工业部改为总公司，打破一家独大的行政垄断，同时抓大放小，便属于一级趋势。一级趋势可以降低成本提高经济效率。国进民退，行政性垄断回归，设置行业壁垒和地区壁垒，权贵垄断或黑白两道联手垄断，属于二级趋势。条条块块和权力代理人可以在二级趋势中获利，也符合意识形态安全等政治诉求。

四，民田演化的故事

中国史家谈民间私田的历史，通常从商鞅变法（前359-前349）说起。杜佑（735-812）在《通典·田制》中说：商鞅认为三晋地狭人贫，秦国地广人稀，荒田没有尽垦，地利没有尽出，便以田宅招徕三晋之民，三代之内免除他们的兵役，在境内务农，而让秦人外出打仗。废井田，制阡陌，任凭来者耕作，不限多少。数年之间，国富兵强，天下无敌。

所谓"废井田、制阡陌"，通常解释为废除土地公有制，划定地界，确认私人产权。

从皇土公式的角度看，秦国地广人稀，秦孝公以荒田招徕敌国的人口，增强了本国的人力物力，削弱了敌国的人力资源，可谓一举两得。荒田本是"王土"或曰"公土"，秦孝公授田于民，无人受损，公私两利。这种高收益低成本的土地用法，堪称最佳选择。当时，秦晋之间战争不断，人力物力的差距，事关大国生死，优胜劣汰的压力很大。

除了秦晋竞争，商鞅变法背后的另外一个动力，私田取代公田的另外一个原因，就是"民不肯致力于公田"。将公田分为私田，农民的生产积极性就调动起来了。这个道理，用制度经济学的逻辑解释，就是公田的监督管理成本即"交易成本"太高，把使用权和剩余收益权分给农民，可以提高"皇土"的收益，降低监督管理成本。

这些土地后来还可以买卖。允许土地交易转让，流向土地使用效率更高者，提高了当事各方的收益。当然也有弊病。董仲舒（前179-前104）说，秦国用商鞅之法，除井田，民得卖买，富者田连阡陌，贫者无立锥之地。

其实，民众开荒早已有之，公田私有化据说也普遍存在，商鞅变法并非私田的起点，却是私田合法化的标志。"从此以后，私有土地是中国历史上最重要的土地所有权制度。各朝代也有各种形式的公有土地，但是数量都远不及私有土地多。"[1]

大规模授田于民的举措，在中国历史上多次出现。均田制是商鞅变法之后最著名的一次，从北魏到隋唐持续约三百年。

北魏太和九年（485年），魏孝文帝下诏实行均田法，将全国的荒地和无主土地按劳动力计口分田，每丁露田（唐代称口分田）40亩，桑田（唐代称永业田）20亩。口分田在受田者年老或死后归还官家。永业田可以世袭，也可以在超额或不足额的条件下买卖。

均田首倡者李安世为皇帝分析利害。第一，战乱之后荒田多，游民多，地力民力均未发挥。第二，豪强占地多，且在荒田或无主之田争夺中占优，有坐大之势。第三，实行均田制，一概编户齐民，可以均贫富，尽人力，尽地力，力业相称。[2]

李安世的算法和商鞅一样，考虑荒地、游民、豪强对手，选

1 赵冈 陈钟毅:《中国土地制度史》，第15页，新星出版社，2006年7月第1版
2 《魏书》列传第四十一

出要素效用最大化的组合。

从土地权利束的角度看，同为民田，口分田是高残的，抽掉了继承权和转让权。永业田是低残的，有继承权和部分转让权。为何划分永业田和口分田，代代调整，自找麻烦？李安世说，这是预防贫富不均，使"力业相称，细民获资生之利，豪右靡余地之盈。"

魏孝文帝认可李安世的观点，划出了40亩口分田：每代人重配一次，同时禁止额外买卖。但这么做是有成本的。口分田代代换手，种桑树就不合算。耕地无产权，改良土壤便成了"为他人作嫁衣裳"。针对这种短期行为，皇帝又划出了20亩永业田。奈何人口越来越多，可收回分配的口分田越来越少，越来越零碎混乱，百余年之后，口分田基本成了永业田。北魏（386-534年）至隋（581-618年）唐（618-907年），二三百年间战乱不断，无主之田不断得到补充，均田制才有了实行至唐朝中叶的可能。

民间的自发交易也会侵蚀口分田，还会侵蚀官田和屯田。土地使用权是有市场价值的，有人救急要卖，有人投资愿买。产权买卖非法，那就典押使用权。依然觉得不安全，价格就适当降低。官田地租高，买家就出高价当民田买，让原主承担私卖官田的风险，并负责每年补上官府多收的地租。如果官府地籍管理混乱，或者可以行贿制造混乱，官家土地就会悄然私有化。如果权贵侵吞官田屯田，无人敢问，公田还能公然转为私田。

于是，权力制造的差序产权，经过上百年的侵蚀，沟坎渐成平地。明代江南的官田就这样消失了。满清入关后跑马圈地，旗丁普遍分得旗田，法律严禁典卖，但违规者众多，运动式执法只能奏效于一时，经不住点点滴滴一代又一代的侵蚀，旗田渐渐消失在民田之中。

在中国历史上，除了商鞅变法和北魏均田这两大事件，短期或局部授田始终不断。汉初，战乱中人口逃亡，户口只剩十分之二三，官家授田免役以招诱民众。明初有山西洪洞大槐树移民，清初有湖广填四川，都伴随着授田免役之法。

授田完成之后，口分田渐成永业田，权力逐步淡出，民间土地交易的一系列契约便成了业主权利的证明，官民双方认可，土地权利据此确立。在佃权转让时，江南高产地区的土地价值高，前佃普遍索取"粪土银"，导致田面权独立有价，解决了佃户改良土壤的回报问题。民间土地产权安排达到了相当精密的水平。

在制度经济学家看来，初始的产权安排并不重要，使用权或所有权之类的名号也不重要。只要有剩余索取权，如大包干所谓"交够国家的，留足集体的，剩下都是自己的"，就会有投入积极性。只要有自愿交易，稀缺资源就会转到出高价者手里，他们的资源使用效率通常也更高。我们确实在历史上看到，通过并不合法的市场交易，旗田从不擅农耕的旗丁之手，转入擅长耕作的汉族农民之手，土地利用效率提高了。假以时日，官方也会追认这种转让的合法性，土地权利最终确立——有地主，有佃农，但主体还是自耕农。民间的土地演化至此大体完成，且基本稳定，直到滑入马尔萨斯陷阱。

凭借这套权力打造然后自发演化而成的土地制度，中国农业的效率相当高，养育了庞大的人口，支撑了庞大的帝国。

差序产权经过各种自愿交易而效率趋近的故事一再重复，直到今天我们还能在各种"挂靠"或许可权交易中看到。据此可以建构一个"和平演变模型"：交易成本越低，演变越快；交易成本越高，演变越慢。赶上仇视和平演变且精明苛察的皇帝，如雍正和乾隆拯救旗田，历史还能在短期内逆行。

第三节　历代土改

一，三种土改

我们已经看到，在政治领域，最高权力逐步削弱了领主权，将有限主权贬为品级产权，实现了政治效用最大化。在民间产权安排中，最高权力以尽地力尽人力为导向，逐步认可私有化，实现了经济效用最大化。十几个朝代过来，历朝历代认可的地权初始设计已有诸多不同。这种因革损益，可以看作第一种土改。

各个朝代的土地制度确立后，无论是否合法，不同品级的产权主体之间总要发生交易，例如买卖官田、屯田、职田、旗田和口分田。侵吞官田化公为私，也是这种交易的构成部分。这类交易逐渐改造了初始安排，土地权利流向高效使用者。尽管私有化、土地兼并及两极分化有违初心，但自发趋势很难阻挡，皇帝通常接受和平演变的事实。这种获得认可的自发改变，可以看作第二种土改。

权力强行改造自发演变出来的秩序，可谓第三种土改。这种土改，在两千多年中央集权专制的首尾两端，有过两次大规模尝试。一次是王莽土改，一次是党国土改。本节简述王莽土改和国民党土改。共产党主导的土改，规模空前且一波三折，各种算计精密复杂，可以细化皇土公式，留待下节专门论述。

二，王莽土改

公元 9 年，王莽称帝，随即批评秦国无道——废井田、导致土地兼并，强者田多，弱者无地。名义上三十税一，实际豪民收租十分之五。近似当代左派，王莽把私有化和市场化造成的副产品看作亟待解决的一级问题，下令恢复"井田圣制"，天下田改称"王田"，不得买卖。男口不足八人而田亩超出一井者，余田分给九族、邻里、乡党。反对者流放边疆。[1]

王莽推行土改，可以用皇土公式解释，即：

总利益 ＝ 总收益 － 总成本

王莽秉持儒家原教旨信条，圣化井田制，贬低私田。于是，在总收益项下，他对井田制的估价过高；在总成本项下，王莽满怀权力自信，对强行改制的成本估计过低，对私有制＋市场化的经济效率（经济学家所谓的机会成本）估值更低。

土改劫富济贫，富人是受害者，必有反抗动作，此为改制成本之一。将土地收为"王田"，剥夺了交易转让权，土地产权包含的四条权利——所有权、使用权、收益权和交易权——被抽走两条，大小田主都反对，此为成本之二。王田不许撂荒，不耕者罚三夫之税，[2] 土地权利束中的使用权又被截短，大小田主都不满，

1　司马光《资治通鉴》卷三十七
2　《汉书食货志下》

此为成本之三。田地不能流转到最擅长利用的人手里，难以尽地力尽人力，全社会受损，此为成本之四。由于违反买卖田宅及奴婢禁令，"自诸侯卿大夫至于庶人，抵罪者不可胜数"，[1] 贪官污吏乘机敲诈勒索，造成更多怨恨，此为成本之五。王莽的国有化运动还扩展到盐铁酒专营，铸钱改币制，多领域联动，"于是农商失业，食货俱废，百姓涕泣于市道。"此为成本之六。

在付出上述成本的同时，王莽想必得到了获得土地者的好感，但收获能大于损失吗？且不说削减地权和强制治罪是无人受益的双输游戏，即便是劫富济贫的零和游戏，按照百元损失之痛大于百元获得之喜的主观感受常规，王莽收获的仇恨也必定大于好感。

至于私有制和市场化的副产品，土地兼并和两极分化之类，王莽想凭借权力根除，但权力所造成的两极分化，更甚于市场上的私人交易。打个比方说，如果把私有制和市场化的功过三七开，王莽为了解决三分问题，毁掉了七分成就，而新体制中的两极分化问题不仅没有解决，反倒从三分长到了五分。这是有权者与无权者的两极分化。

坚持到第四年，王莽收回成命，允许王田买卖，"勿拘以法"，但这番折腾成为他日后倒台的重要原因。

王莽土改搞砸了。这个事实表明：第一，皇权真能立法改制。第二，改制要付出成本，亏本的改制运动很难持久。第三，皇权

1　杜佑:《通典·田制》

无法改变井田制的低效率。维持低效体制，阻止土地流向高效使用者的交易，必将四处树敌并培育腐败，损人不利己。

三，国民党土改

国民党引入党国制度，政权获得了现代意识形态和政治组织的加持，更加敢想也更加能干。孙中山的民生主义有两大要点：一是平均地权，二是节制私人资本。平均地权，包括土地涨价归公、耕者有其田等内容。

在大陆，国民党并未实施"耕者有其田"，"二五减租"（降低地租25%）也浅尝辄止。共产党则高举"耕者有其田"的大旗发动农民造反成功。退至台湾，汲取在大陆失败的教训，少了统治集团与地主的牵连，蒋介石便支持台湾省长陈诚强力推行土改以稳定民心。[1]

1949年3月，陈诚宣布实行"三七五减租"，把地租率从50%之上压到了37.5%之下。随后是"公地放领"，当局将从日本人手里接收的公地，以该地全年正产物2.5倍的低价卖给佃户。1953年4月，《实施耕者有其田条例》发布，政府又以全年正产物2.5倍的低价，征购地主超出限额（水田43.5亩、旱田87亩）的土地，再以同样的价格转售给该地佃户。

1　关于台湾土改的叙述，本书主要参考了郭岱君教授的《台湾往事：台湾经济改革故事》第二章，中信出版社，2015年第1版

"公地放领"近似商鞅和北魏的公田私有化，耕种者得田，尽地力尽人力，很少有人反对。"三七五减租"截短了地主的土地收益权，低价征购地主超出限额的土地，限制了地主的产权。这两项政策慷地主之慨，却深得佃农之心。

陈诚劝告台湾地主："三七五减租，一方面固然为佃农解除痛苦，减轻负担，实际上实为保护地主，帮助地主。……三七五减租的实行，便可避免共产主义的流血斗争，……农民为自求收获增加，必能尽力耕作，地主收益不但不会减少，反而更可增多。"

面对反对和质疑，陈诚放出狠话："我相信困难是有的，调皮捣蛋不要脸皮的人也许有，但是我相信，不要命的人总不会有。"此言一出，局势大变。有大陆的样板，还有几年前的"二二八事件"，威胁高度可信。

台湾的和平土改进展顺利，大获成功。

一百多万台湾农民，将近人口的五分之一，获得了土地所有权。农民收入在 1949 年后的 10 年里增长了一倍。他们添置农业机械，使用化肥，粮食产量从 1953 年起持续 16 年增长，平均增速 5.2%。

从地主方面说，亩产增幅大，减租之后的绝对收入仍可增加。土地被低价征购固然吃亏，但以大陆土改为参照系，台湾地主赚大了。由于政府以七成土地债券和三成国营企业股票征购土地，债券年息 4%，有些公司股票分红还超过土地收益，许多地主顺势转型为工商企业家，登上了工商业发展的快车。

对国民党来说，最大收益是政治安全。陈诚在《台湾土地改革纪要》中透露当时的想法："大陆局势日益恶化，台湾人心浮动……欲确保台湾，必须先求安定，而安定之道，莫先于解决民生问题。"从结果看，安定人心的任务超额完成。1965 年陈诚病逝，出殡时万人空巷，成千上万的农民携家带眷，跪在道路两边为他送行。此后很多年，农村都是国民党的票仓。

　　总之，台湾土改，政治收益、经济收益和社会收益一举多得，成本很低，和平顺畅地搞成了。这个事实表明，第一，党权比皇权更愿意也更擅长立法改制。第二，改制的收益大于成本，运动便不难成功。第三，改革之后的制度可以带来更高收益，新制度便能稳定持久，并形成对政权的支持。

第四节　当代土改

一，中国共产党的三次半土改

中国共产党在 50 多年里三次半改革土地制度。第一次土改，夺取地主土地，分给贫雇农，实现了"耕者有其田"。第二次土改，私有土地归公，完成了农业的社会主义改造。第三次土改，大包干，将公田分给农户经营，拉开了改革开放的序幕。还有半次，1982 年宪法修订，全部城市土地划归国有。

如果给这三个版本的土改加上 1.0、2.0、3.0 的标号，那么，我们可以在每个版本中看到多次进退调整，形成 1.1、1.2、1.3……之类的次级版本。各大小版本都有自己的成本和收益，版本变迁正是据此调整而来。

二，打土豪分田地：土改 1.0 系列

从 1928 年毛泽东主持制订《井冈山土地法》开始，到 1953 年少数民族地区土改基本完成，1.0 系列之中有 7 个次级版本。

1.1 版政权通吃：《井冈山土地法》规定，没收一切土地，归政府所有，政府将土地分配给农民个人或集体耕种，强制有劳动能力者劳动，土地禁止买卖。

1.2 版阶级斗争：1929 年《兴国土地法》将"没收一切土地"改为"没收一切公共土地及地主阶级土地"，将收归政府改为分给贫雇农。[1]党政权力退居二线，将阶级斗争推至一线。

1.3 版减租减息：1937 年西安事变之后国共合作，停止没收地主土地，降格为减租减息。[2]中共中央将团结抗日推至一线，阶级斗争退居二线。

1.4 版回归阶级斗争：抗战结束次年，中共中央发出《五四指示》，将减租减息改回没收地主土地，但打着"减租减息"和"反奸清算"的旗号，以追缴应减未减租息的方式没收土地。阶级斗争悄然回归一线。

1.5 版彻底平分：1947 年 10 月，国共鏖战经年，中共公布《土地法大纲》，宣布"乡村中一切地主的土地及公地，由乡村农会接收，连同乡村中其他一切土地，按乡村全部人口，不分男女老幼，统一平均分配。"

彻底平分一切土地，因为地主富农的土地一分再分，剩下的那点不够分了，但动员贫雇农参军参战又需要土地，于是动中农的土地。常见的办法是放宽阶级划分标准，把一部分中农划为富农或地主。地主富农占农村人口的比例，在晋绥区从 8% 暴涨到

1　金冲及：《二十世纪中国史纲》，上册，第 324 页。社会科学文献出版社，2009 年第 1 版

2　同上，第 400 页

25%，阶级敌人暴增。[1] 土改之后，各村党员干部手里的土地比较多，他们不愿意重新分配，领导不力。党政高层领导干脆让贫农团主导这次土改，绕开基层党政组织。

1.6 版纠偏：贫农团主导的土地平分，对地主富农吊打追逼，挖浮财、分土地，乱打乱杀。大量人口逃亡，许多党员干部和军属受到冲击，基层党政组织失灵，军心不稳，还乡团反杀报复，农民生产积极性下降。1948 年中共中央开始纠偏，通过《一月决定》，强调联合中农，强调党的领导地位，将贫雇农的主导作用降低为带头作用，改正错划，退还财物。[2]

1.7 版政经兼顾：1950 年 6 月，《中华人民共和国土地改革法》公布，各地派土改工作队下乡，组织农会，发动群众开会诉苦，没收地主的土地分给农民，同时保存富农，保护中农，发展经济。

1.0 系列土改，总共没收地主土地约 7 亿亩，得地农民超过 3 亿。[3] 土改据说有增产效果，但 1.0 系列土改的主要目的并不是增产，而是挖掘农村的人力物力支持战争，夺取政权。

除了枪杆子笔杆子，共产党两手空空。打土豪分田地，至少能带来四重收益。第一，获取粮食和浮财，大宗可供军需，军队用不着的可以分给农民。第二，获取土地，分给农民换取支持。

---

1 杨奎松：《1946-1948 年中共中央土改政策变动的历史考察》，《开卷有疑》第 324 页，江西人民出版社，2007 年第 1 版
2 同上，见文中最后三个小节
3 金冲及：《二十世纪中国史纲》，下册，第 752 页

历代造反者从未挖掘到这种深度，对资源的利用只有流寇水平。第三，打击阶级敌人，从精神打击到肉体消灭，如此培养阶级觉悟、铸造阶级仇恨，扩大优质兵员。通过阶级斗争，还可以建立健全基层组织。第四，削弱国民政府的税基。一举四得，真可谓无中生有，平地抠饼。没有新意识形态的思想武装，第二和第三点是无法想象的。

这种土改，国民政府当然不敢想。所以毛泽东说："国民党比我们有许多长处，但有一大弱点即不能解决土地问题，民不聊生。这一方面正是我们的长处。"[1]

从皇土使用收益最大化的角度看，所谓"解决土地问题"，就是把国民政府7亿亩"党土"的"管业权"，从几百万地主手里，改到3亿贫下中农手里，并从这种暴力改变之中获得打天下的人力物力。增产与否并不是需要认真考量的大问题，数年之后的集体化也证明了这一点。

至于次级版本的调整，1.3版减租减息的阶级妥协，1.6版的反左纠偏，正是通过调整土改的力度分寸争取利益最大化。减租减息既能换取农民支持，又能换来国民党的合作和军饷，当时比土改更合算。土改纠偏，如刘少奇所说："搞土地改革，就是为了打胜仗，打倒蒋介石。如果搞的厉害，地主逃走，就增加了蒋介石的力量。"[2]1.7版政经兼顾，因为坐江山之后要培养税基，应

1　金冲及：《二十世纪中国史纲》，上册，第616页
2　杨奎松：《开卷有疑》，第320页

该保存富农，但不能容许地主在农民和政府之间坐吃地租。

1.0 版土改搞成了。这个事实表明：

第一，只要用武力控制了某个地区，有能力局部压制皇权，就能在这块地盘上立法改制。

第二，武装教团的核心资源是枪杆子和笔杆子。暴力土改加思想教育，是当时获取人力物力的基本策略。局部和暂时的调整难免，但"农村包围城市、武装夺取政权"的基本路线已经注定。

第三，只要发动贫下中农，付出少量宣传组织成本即可获取巨量土地，完成土改，同时建立自家组织。如此低成本高收益，运动不难进行到底。不过，地主阶级被消灭之后，高收益消失，运动便该终止。扩大化之后强行推进，为渊驱鱼同时损害自家的既得利益集团，将造成内部分裂，得不偿失。

三，人民公社：土改 2.0 系列

1，人民公社兴起

中国农村的社会主义改造，从 1951 年倡导互助组开始，到 1962 年确立"三级所有、队为基础"的人民公社制度，土改 2.0 系列之中有 6 个次级版本。

2.1 版是 1951 年倡导的互助组——土地私有、劳动互助。

2.2 版是 1953 年推出的初级农业生产合作社——土地入股、

集体劳动。

2.3 版是 1956 年横扫全国的高级农业生产合作社——村级规模土地公有、上百户人家集体劳动（1957 年全国平均每社158.6 户），但允许社员在业余时间经营家庭副业和少许自留地。中国农业的社会主义改造至 2.3 版宣告完成，再往后就是调整或升级了。

1958 年，毛泽东又推出了 2.4 版——数十个高级社合并而成的乡镇乃至县级规模的人民公社：数千户人家集体劳动，统一调拨，平均分配，公共食堂免费吃饭，取消自留地和家庭副业，"组织军事化，行动战斗化，生活集体化"。井冈山土改 1.1 版的初心实现了：政权通吃，强制劳动，不留死角。

毛泽东把所有制看作社会发展不同阶段的主要标志。公有化程度越高，集中力量办大事越方便，越有利于发展生产力，离共产主义越近，因而追求一大二公。但在制度经济学家看来，产权主要是一种激励约束机制，一种关于剩余权责的制度安排：干好了剩余归己，搞砸了亏损自担，自作自受。人民公社的激励约束机制相反：超产了大家平分，吃超了集体承担，自作而他受。

1958 年，中共中央宣布了社会主义建设总路线："鼓足干劲、力争上游、多快好省地建设社会主义"。"多快好省"愿望甚好，奈何"自作他受"的社会主义公有制很有"奖懒罚勤"之效，容易激励出"少慢差费"。总路线有自相矛盾之处。在鼓足干劲、力争上游的政治压力之下，解决这种矛盾的主要方式便是瞒上欺下、虚报浮夸。

1960 年出现大饥荒，虚报浮夸露馅了。1960 年 11 月中共中央发出《紧急指示信》，禁止一平二调，允许社员经营少量自留地和小规模家庭副业，恢复农村集市。人民公社三级所有、以生产大队为基础，公有化从乡级退到村级。1961 年 6 月《农村人民公社工作条例》发布，进一步取消了公共食堂和占比三成的供给制（七成为按劳分配），是为 2.5 版。

2.6 版于 1962 年 2 月出台。《关于改变农村人民公社基本核算单位问题的指示》规定：农村人民公社一般以生产小队为基本核算单位，至少 30 年不变。上百户的规模降到了几十户。这就是后来写入宪法的"三级所有、队为基础。"

人民公社推行三年，最后搞砸了。这个事实表明：

第一，党权立法改制的愿望和能力都超过皇权，政权改造产权制度的频次和力度也远超前代。面对顶层权力，中国产权任凭摆弄，毫无自卫能力。这种"顶残"特征，至此显露无遗。

第二，尽管改制意图和王莽一样源于信条，有空想之嫌，但改制能力超强，一边碾压反抗，一边虚报收益，依然可以推行到底。

第三，政权有能力改制，却无力改变产权作为激励约束机制的作用。自作而他受，必定产出少而浪费多，成本高而收益低，对比耕者有其田的 1.0 版，2.0 版最终难免失败。

2，左右纠偏

1960 年大饥荒流行，包产到户也开始流行。邓子恢到处介绍推广包产到户，说和自留地一样，"超产是他的"。这种绕开所有制红线、将剩余权责与土地使用权挂钩的激励机制，[1] 很快就引起毛泽东的警觉。人民公社三级所有、队为基础是他的底线，在毛泽东看来，再退一步就是资本主义了。

从 1962 年 7 月起，毛泽东在各种场合不断发问："你们赞成社会主义，还是赞成资本主义？""是走集体经济道路呢，还是走个人经济道路？"[2] 他说中国不能搞包产到户，不能搞单干。这样搞，"半年的时间就看出农村阶级分化很厉害。有的人很穷，没法生活。有卖地的，有买地的。有放高利贷的，有讨小老婆的。"

换句话说，宁可少打粮食，甚至饿死人，也不许放高利贷、买地、讨小老婆。不许两极分化。这种价值排序，文革后期的一条著名口号表述为："宁要社会主义的草，不要资本主义的苗。"

毛泽东大讲阶级斗争和路线斗争，要年年讲、月月讲，此意被提炼为社会主义历史阶段的基本路线，成为无产阶级专政下继续革命理论的核心。这套意识形态认定的最高价值是消灭资本主义实现共产主义，而不是伸手可及的经济富裕。

我们在 1.0 版土改中见过左右纠偏，现在看到了 2.0 版的左

---

1 关于使用权与剩余索取权挂钩的看法，来自我与张曙光和盛洪两位教授的讨论，特此致谢。

2 金冲及：《二十世纪中国史纲》，下册，第 946-949 页

右纠偏。两次纠偏都以调整土地产权安排的方式谋求政治利益最大化。经济宽裕了就向左转，追求更高更纯的公有化；饥荒闹大了再往右调，转向激发个体积极性的"小自由小私有"（邓子恢语），以免两败俱伤；饥荒缓解了，政治考虑又压倒经济考虑，强调阶级斗争和路线斗争，"反修防复辟"。

纠偏行为显现的价值排序是：安全第一，政治及意识形态第二，经济第三。套用裴多菲的诗句：财富诚可贵，政治价更高。若为安全故，两者皆可抛。

四，大包干：土改 3.0 系列

1，小岗村的故事

1978 年 11 月的一个晚上，安徽省凤阳县小岗村 18 户农民开会，签了一份契约，全文如下：

"我们分田到户，每户户主签字盖章，如以后能干，每户保证完成每户的全年上交和公粮，不在（再）向国家伸手要钱要粮。如不成，我们干部作（坐）牢杀头也干（甘）心，大家社员也保证把我们的小孩养活到十八岁。"

下边是生产队副队长严宏昌领头的签名盖章，随后是众人的签名和手印。

严宏昌解释了分田到户是什么意思，这个意思后来被官方包装为一首民谣："大包干，大包干，直来直去不拐弯。交够国家的，留足集体的，剩下都是自己的。"用经济学术语说，在土地公有制的一束权利中，大包干抽出了使用权和收益权中的剩余索取权——"剩下都是自己的"，偷偷给了个体农户。

小岗契约如此分配私下改制的风险和义务：干部承担杀头坐牢的风险，个体农户承担对国家和集体交粮的义务，分担抚养服刑干部孩子的义务，放弃伸手要救济的权利。小岗农民愿意签约，表明他们认为改制收益大于改制成本。

改制的收益是什么呢？就是大包干所带来的粮食增产。小岗改制次年果然大丰收，粮食总产量是上年的四倍。[1] 杜润生说自留地收益是公田的五倍，[2] 两数接近，改制收益应该在当事人意料之中。

杀头坐牢作为改制成本，通常高于多打粮食各家可以分到的收益，干部不愿挑头冒此大险。其实杀头只是顺嘴一说，可以凸显队干部的承当，此事罪不至死，大不了坐牢，而坐牢的成本在饥荒时就要另算。小岗人平时就吃不饱，1978 年安徽大旱，大饥荒肯定躲不开了，坐牢却未必躲不开。再说坐牢也有饭吃，还有人养孩子，此时改制的成本就比较低。当年，安徽旱灾改变了当地的成本计算，安徽凤阳县小岗村和安徽肥西县山南公社不约而

1　张广友:《抹不掉的记忆——共和国重大事件纪实》，第191页，新华出版社 2008年1月第1版
2　《杜润生自述：中国农村体制变革重大决策纪实》，第112页，人民出版社，2005年8月第1版

同地冒险包产到户——山南公社称之为"借地"。所包所借，皆为土地使用权及剩余索取权。

小岗村干部社员的算法提示我们，与皇土公式相对应，民间田主也有自己的公式，即：田主改制之利 = 总收益 − 总成本。

改变官定产权制度的收益，如果大于成本，民间就会改制。无利不动。利益越大，改革越猛。田主公式给出了改旧制、立新制的条件：改制收益 > 改制成本。具体改制方式可以多种多样：或逐步蚕食，或一步到位，或潜入赎买、或迂回扩张，尽量在获取收益时降低政治风险。

小岗村大包干属于一步到位的地下潜入，山南公社借地一年就是戴着红帽子在时间维度上的蚕食，包产到组（组员多为亲戚朋友）则是组织规模维度上的蚕食，四川扩大自留地是土地面积维度上的蚕食。不碰所有权的多维度蚕食，皆为迂回扩张。

一般说来，在产权权利束中，田主会努力争取每一条、每一段的权利，争取剩余控制权，争取扩大自己在要素分配中的份额。没有田底权就争取田面权，没有所有权就争取使用权。残缺也罢，戴红帽子也罢，只要收益大于成本，何妨以残缺换取总体利益最大化。在此意义上，残缺产权，也是民间千方百计争取来的。外表残缺的产权形态，委曲求全的形态，正是适应中国环境的经典形态。中国产权的"顶残"形态已由不受制约的大一统权力注定，完整无缺的所有权只是一个外来的梦想。

如前所述，毛泽东把三级所有、队为基础看作退让的底线。包产到户可以增产救命，饥荒严重时不妨默许，饥荒缓解必定取缔。小岗农民现在遭遇饥荒，为改制不惜杀头坐牢，官方如何处理？

从县委书记陈庭元到省委书记万里，基本态度都是让小岗农民接着悄悄干，他们愿意替下级承担责任。消息传到陈云和邓小平那里，获得了权威支持。[1]1982年"家庭联产承包责任制"流行全国，次年人民公社解体，换上了乡镇政府的牌子。

官方态度转变的大背景是：1976年9月毛泽东去世，1978年12月中共十一届三中全会召开，倡导思想解放，放弃"以阶级斗争为纲"，将工作重点转到了经济建设上。

由此可见，3.0版土改，仍然是最高权威批准的。区别在于：最高权威变了，经济排序提高了，政治理想排序降低了。如果说，田主公式给出了民间自发改制的条件，皇土公式也给出了官方许可改制的条件：改制收益＞改制成本。立场不同，条件是一样的。官民博弈，各自的选择也构成对方的成本和收益，如小岗大包干可以降低官方的救济成本，提高粮食产量，赢得官方务实派或改革派的支持。官方默许大包干，又降低了民间改制的风险，跟进者渐成前赴后继之势。这里的成本算法还涉及杀头坐牢即生命和自由的价值。[2]官民双方共同认可的双赢选择，在1982年，便是

1 　金冲及：《二十世纪中国史纲》，下册，第 1159 页

2 　关于生命与财富的换算，我在《血酬定律》（工人出版社 2003 年第一版）、《中美煤矿工人的命价》（经济学家茶座，2006 年第 3 期）和《血汗替换率》（经济学家茶座，2007 年第 1 期）中有比较详细的讨论。

大包干。

3.0 系列的土改，最初有三个版本。3.1 版是各地试图推行的包产到组，被戏称为"三级半核算"，在三级所有、队为基础之下又添了"组"级。3.2 版是赵紫阳在四川推行的扩大自留地，从占地 5% 扩大到 15%。3.3 版就是大包干。由于万里在安徽的硬闯和最高权威的认可，前两个小步慢走的版本失去了流行一时的机会。

3.0 版土改四年，官家放任民众闹成了。这个事实表明：

第一，改制的成本收益计算，在很大程度上取决于最高领导人的价值观。一旦主流意识形态调整为"以经济建设为中心"，再找到"家庭联产承包责任制"之类不碰所有制的说法，给反对派一个台阶，几乎无人受损，改制成本很低。

第二，公有制激励不足，与自留地和包产到户相比，效益相差四五倍，靠大寨式的思想教育和阶级斗争威慑难以补足，大包干的新增收益巨大。追随者趋利避害，遏制成本很高。顺势而为，改革者收益很高。扼杀改革，容易造成内部分裂。

第三，如果党权认可民意，民意就能推动立法改制。

2，大包干性质之争

大包干到底算个体经济还是集体经济？姓社姓资？在改革开放之初，在政治挂帅向"以经济建设为中心"的转型期，这是头号大问题。

大包干的反对者认为，分田单干是走资本主义道路，承包田是"复辟田"。大包干的支持者否认所有权改变，强调生产责任制只涉及使用权，包产到户好比工人使用国企车床切削工件，超额有奖，工厂照样是社会主义企业。大包干支持者在政治上成功了，大包干普及了。但从学术角度和发展眼光看，大包干在两界多层品级产权结构中的位置，既可以支持两种说法，又偏向包产到户和包干到户的反对者，偏向毛泽东。

如果把官民两界多层的结构展开摊平，拉成一个 1–10 分的连续序列，最左端的 1 分是官方定义下纯度最高的社会主义公有制，最右端的 10 分是最纯的资本主义私有制，5 分为公私分界点，那么，按照惯例，公有制可分为全民所有制和集体所有制，私有制可分为个体经营和私营雇工。全民所有制是公有制的高级阶段，又分央企和地方国企，坐标 1 和 2。集体所有制是公有制的初级阶段，分为大集体和县级以下的小集体，坐标 3 和 4。

人民公社是县级以下的小集体，三级所有、队为基础，坐标在 4–4.9。毛泽东从公社核算退到大队核算再退到生产队核算，相当于从 4 分退到 4.5 分再退到 4.9 分，他认定这是底线。分田单干，无论叫什么名字，都越过了公私分界线。自留地更是资本主义的尾巴，肯定在 5 分之后。

这是毛泽东的看法。权力好比半瓶酒，他看到了缺失的那一半。

大包干"交够国家的，留足集体的，剩下都是自己的"，从所有权名下的五条权利中抽走了三条：占有权、使用权、收益权，公家只保留了两条：处置权和交易权。这就是包干到户的权利新组合。在这种组合中，公家名义上处于强势，实际上处于弱势。毛泽东关注的那半瓶酒，空了五分之三。

不仅如此。在经济学定义里，剩余权责通常划归所有权。中国改革无人敢碰神圣的所有制红线，剩余权责便跟上了使用权。大包干后，原本属于所有权的剩余权责，在种植农作物的范围内，也转给了农户。

集体所有制号称保留了处置权和交易权，但谁是集体？这个模糊的所有者不仅无权在集体土地上建商业住宅，无权将农用地改作它用，无权把土地出售给政府之外的主体，还无权拒绝政府的低价征用。如果这叫所有权，也是严重残缺的，无力抵抗上级插手的。这就是说，集体保留的那五分之二也是掺水的，酒味寡淡。

更何况，历代土改证明，传统的私人产权本来就是顶残产权，上级权力总有办法入侵，包揽一切剩余权利的所有权实际在官府手里。那么，一种传统的顶残产权，经过"集体化"打折，又把有限的几项实在权利给了农户，尤其将跟着所有权的剩余权责给了农户，毛泽东视其为私有制复辟，理由相当充分。

3，土地所有制性质之争

秦汉以来中国土地制度的主流是私有制吗？

侯外庐先生依据顶残特征和皇权包揽一切剩余权利的史实，

宣称中国历代皆为土地国有制。[1]反对者依据田土买卖纳税盖章之类的史实，宣称中国地主所有制货真价实，还扣帽子说，否认地主私有制的存在就是否定中国共产党领导的土地革命。如此争论下来，私有论胜出，国有论败退。

其实双方都不错，错在外来概念的用法。马克思主义的所有权概念来自罗马法，用于描述中国产权的历史和现实难免方枘圆凿。《柯林斯词典》几乎与马克思同时诞生，以例句准确表示实际用法著称，至今保持权威地位。查"所有者"即"业主"词条，第一例句是："These little proprietors of businesses are lords indeed on their own ground." 词典汉译："这些小业主们，在他们自己的行当中，就是真正的至高无上的统治者。"lords，君主，至高无上的统治者，中国的小业主或土地所有者岂敢有此非分之想？当代到海外上市的产权明晰的大企业主大资本家也不敢这么想。他们还要不断表态跟党走，随时可以把自己的资产献给党。所有权好比四五十度的威士忌，顶残产权只是十五六度的黄酒，统称为酒，却所指不同，很容易喝高了。

事实上，古代中国根本就没有所有权这个概念，古代田契上把享有的顶残产权表述为"管业"——颇有皇土小管家或承包人的意思。顺着这个意思说下去，还有一级发包和一级管业，如魏孝文帝按劳动力平均发包且"身终不还"允许转卖的永业田；二

1　见"封建主义生产关系的普遍原理与中国的封建主义"等文的讨论，《侯外庐史学论文选集》（上），第 168 页，1987 年人民出版社第 1 版

级发包和二级管业，如大包干就是农户从村集体手里获得了管业权，而村集体所发包的只是受命代持的"皇土"，打天下坐江山的才是一级发包者。

进一步说，"姓社姓资"之争所依据的外来所有制概念，连同外来的马列主义理论，套用于中国历史现实，也难免方枘圆凿之嫌。例如中国的阶级划分，官民之分如同国界，区分了暴力集团与生产集团，好比食肉动物和食草动物；地主与佃农、资本与劳动之分只是省界，区分了生产集团内部不同生产要素的拥有者，好比食草动物中的牛和羊、头羊与群羊。西方意义上的所有权在中国顶残了，打折了，西人所谓地主阶级和资产阶级的地位自然也应该打折，也应该顶残。阶级斗争的重要性怎能不随之打折反而登顶挂帅呢？这恐怕要从夺权必要手段的角度理解，不能从学术角度较真，也不好简单说什么人喝高了。

话头拉回来，接着讨论大包干和自留地的坐标和定性问题。

自留地和大包干一样，都是占有权、使用权、收益权和剩余索取权的组合，差别在于自留地面积很小，无需交粮纳税，收益权更完整。邓子恢称之为"小私有"。这个概念近似"小产权"，即残缺度很高的私有产权。他和毛泽东一样把自留地划在5分之后。

杜润生先生与毛泽东相反，他关注权力酒瓶里的半瓶子酒，而不是权力的空缺部分。他在自留地里看到了权力的存在，称自留地为"公有私营"，属于残缺的公有产权，位于5分之前。杜润生是中共土改专家，熟读马列，惯于使用罗马法系列的所有权概念。四五十度的威士忌不怕少许掺水，公权如此强大，自留地那一点私人使用权岂能影响土地的公有性质？事实上还不是说收就收了，说禁就禁了？杜润生主持起草的中共中央1982年一号文件，对大包干采用了同样的划法，大包干因此获得了意识形态合法性。

从动态的发展眼光看问题，毛泽东似乎更有理。根据中国的历史经验，剩余索取权跟着谁走，处置权和交易权早晚会跟上，这似乎是一条定律，不妨称之为"剩余权主导律"。井田、口分田、旗田都遵循了这条定律，当代承包田的"有偿转让"也正在跟上。凭着使用权和剩余索取权组合，中国佃农甚至能从田主手里截出一段田面权，在土地市价中占比三到五成，吃田面权者晋升为"二地主"。

这就是说，无论承包田或自留地被划到公私分界点的哪一边，4.95分也好，5.1分也罢，动态演化到6-7分都不难预见。如果6分是残缺的小农私产，7分就有了地主经营性田产的意思。此时说王土或国有，已经不能当真了。英国王土的土地保有制也是如此演化为私有制的。[1]

毛泽东狙击包产到户，主要从发展的眼光看问题，正是基于这种预见。当然，按照侯外庐先生的逻辑，国有论者依然可以反

1　参见盛洪:《制度应该怎样变迁》,《学术界》2014年第12期

驳说：中国私田与英美私田不同，中国产权的特色是"顶残"，而且是品级性的，地位越低，顶面积越大，有权侵犯者越多，没有所谓的"神圣不可侵犯"性。只要官家随时有权入侵，如同地主增租或夺佃，产权仍不妨视为国有或官有。

五，城市土地国有化：八二宪法修订的故事

当代中国土地产权的两界多层结构，最宽的界河在城乡之间。

1982 年宪法修订，宣布"城市的土地属于国家所有"（第十条第一款）。当时私人业主早已驯服，无人质疑，甚至没有引起社会关注。不过，随着城市化进程，随着对农村土地征用越来越多，市场拍卖价格越来越高，这次土改的经济价值越来越惊人。2017 年全国城市面积已超过 6500 万亩，如果一亩价值一百万元，一亿亩就是一百万亿。

1949 年之前，城市土地官有与民有并存，各大城市的私人房地产占大头。1949 年春，毛泽东和朱德签署的《中国人民解放军布告》宣布："农村中的封建的土地所有权制度，是不合理的，应当废除"，但"城市的土地房屋，不能和农村土地问题一样处理"。如何处理呢？依据当年通过的《共同纲领》，1950–1953 年间，新政权给各地城市土地所有权人换发了土地房屋所有证，确认了城市私有土地的合法性。

1982 年取消这种合法性，宣布土地国有化，在宪法的修订讨

论中既简单又容易。

1981 年 10 月至 11 月，人大副委员长彭真数次主持召开宪法修改委员会秘书处工作会议，讨论宪法修改草案。

彭真介绍说："关于土地所有权，过去宪法和法律没有明确规定，但历来对城市土地是按国有对待，农村土地是集体所有。这次宪法明确规定，城市的土地属于国家所有。农村和城市郊区的土地，包括个人使用的宅基地和自留地，除法律规定为国家所有的以外，属于集体所有。任何单位和个人不得买卖和租赁土地。这对坚持社会主义是必需的。"[1]

参加讨论并发表意见的委员，十几位发言者，几轮讨论，无人反对城市土地国有化。邓小平两次审阅宪法修改草案初稿，对此也无异议。

当时争论的焦点在农村土地是否应该国有化。正当大包干席卷中国之时，修宪委员们为何热心于农村集体土地国有化？

全国政协副主席荣毅仁、全国政协常委胡子婴认为这样有利于开矿采油，全国政协副主席钱昌照说有利于建港口和城市化，国防部部长耿飚说方便军队建机场，国家科委主任方毅说国家企业事业发展要用地，农村土地归集体所有，变成了他们向国家敲竹杠的手段。方毅说，科学院盖房用地，付了三次钱，国家财政

---

1 《彭真传》编写组《彭真年谱》（第五卷）中央文献出版社 2012 年版第 123 页，转引自程雪阳：《城市土地国有规定的由来》，《炎黄春秋》2013 年第 6 期，本节叙述和引述均依据此文。

受不了。

总之，在工业化和城市化的进程中，说起农民要价高，身兼要职的委员们都有切肤之痛，纷纷主张将农村土地收归国有，集体只留使用权。

反对派的先锋是宪法修改委员会秘书长胡乔木。他说，有人提议城乡土地一律规定为国家所有，另有人则认为，农村土地国有，会引起很大震动，没有实际意义。开始的时候，土地为农民个体所有，合作化后已经归了集体。所以不必宣布国有。如果规定农村土地一律国有，除了动荡，国家将得不到任何东西。即使宪法规定了国有，将来国家要征用土地时，也还是要给农民报酬。至于农民要价过高，可以制定征用土地的办法。土地不许买卖，所以说"征用"而不说"征购"。

胡乔木的这番话，从经济学角度可以这样理解：农村土地集体所有权高度残缺，所有者缺位且不许买卖，已经和国有差不多了。农民的耕种使用权，征用时也要付一笔钱，但付多付少可以由国家立法规定。简单的小办法即可解决问题。农村土地国有化的动静大，成本高，收益并不明确。

全国人大常委会法制委员会副主任杨秀峰也反对农村土地国有化，他说没有实际意义，还会吃大锅饭。国有之后如何管理？谁来使用？全国政协副主席兼秘书长刘澜涛则提醒说，从井冈山起，农民就为土地而战。

彭真综合两边的意见，提出折中方案：首先把城市定了，规定"城市的土地属于国家所有"。其次，农村、镇、城市郊区的土地属于集体所有，这样震动小一些。他表示支持农村土地国有，但应该渐进。现在搞个《土地征用条例》就行了。国家所有了，农民也得向你要钱。

中央军委常务副主席杨尚昆支持彭真，支持逐步过渡。他说宣布农村土地国有震动太大，有征用这一款就可以了。

城市土地毫无争议地国有化了。"顶残"就是如此简易。其实，沿袭"对城市土地按国有对待"的惯例，继承"普天之下莫非王土"的传统，毫无争议是正常的，农村土地国有化受阻才略显异常。不过，胡乔木对所有权的名实分析和得失计算，彭真的折中渐进策略，正好分寸精准地实现了政权利益最大化。

第五节　私有产权待遇的 U 形变迁

产权歧视，打压私有制，原本是中共建政之初的国策。

1952 年薄一波在修改税制时提出"公私一律平等纳税"，遭到了毛泽东的批判。毛泽东主张："有所不同和一视同仁……前者管着后者"，"利用、限制、改造资本主义工商业"。1955 年 10 月，毛泽东说，"要使资本主义绝种，小生产也绝种。"[1]

后来，资本主义果然灭绝，小生产濒临灭绝，生产劳动积极性也普遍降了下来，经济、就业和财政全面困难。

为了调动积极性，改革开放，政策逐步右转，强调"利用"，减少"限制"，2007 年物权法实施，承诺公私财产同等保护。承诺尚未实现，但国策毕竟反转了。

对私有产权的歧视待遇从小到大，再从大到小，变迁轨迹大致如此。在这种 U 形变迁背后，私有产权激励约束的高效率并未变化，官方也知道怎样调动生产积极性，只是不肯用"资产阶级法权"刺激强化人们的"私心"，试图以"政治挂帅、思想领先"的大寨和大庆模式取代"物质刺激"。

在 U 形变迁背后发生变化的是，官方改造人性理性自利进而改造社会的努力一再碰壁，取代私有制和市场经济的理想方案一

1　《毛泽东选集》第 5 卷，第 198 页，人民出版社，1977 年版

再失败。原以为公有制的"存在"可以决定集体主义的"意识"，培养出社会主义新人，结果却是大面积怠工浪费和饥寒交迫。理想价值的兴衰，如同一条抛物线，对应着私有产权的 U 形轨迹。这条抛物线，与国际共运的走势相同。

理想价值的衰落，可以看作意识形态或观念要素的真实收益不及预期。反复验证之后，这种观念要素要么修正，要么抛出，好比资本要素面临次贷危机时的资产重组。观念要素的调整及其地位升降，如同宗教领域的改革或改宗、还俗或政教分离，对历史走势影响显著。毛泽东有教主情怀，后来的邓小平没有。邓小平提出"以经济建设为中心"，标志着一个武装教团的世俗化转型。

第六节　产权边界解析

关于产权，在《新帕尔格雷夫经济学大辞典》中，阿尔钦教授是这样定义的："产权是一种通过社会强制而实现的对某种经济物品的多种用途进行选择的权利。……私人产权的有效性，取决于对其强制实现的可能性及为之付出的代价，这种强制有赖于政府的力量、日常社会行动以及通行的伦理和道德规范。"

在产权的边界上，阿尔钦列举了三大防卫力量：第一，政府的强制力。第二，社会习俗的约束。第三，人们内心的道德伦理约束。

社会习俗和伦理道德规范是相对稳定的，政府强制力及其背后的利益和偏好则是多样且多变的。第一大防卫力量的多变性，权力背后的利益的多样性，整体或局部、集团或个人，或贪或廉，或软或硬，或防守或入侵，或偏心或公平，造就了各时各地的差序产权。

毛泽东时代，政权敌视私有制，发动了社会主义改造运动，私人产权边界头号守卫者转变为头号入侵者。

改革开放后，政权逐步恢复了对私人产权的保护，但某个条条块块仍然会为了自身利益放弃保护甚至转身入侵，例如新闻出版管理部门为了"意识形态安全"而挥刀砍书限权。各地还会有一批利用权力敲诈勒索的官员，工商环保税收和公安掌握的合法伤害权比较多，用来比较顺手，这些部门的边界入侵者就比较多。

官方意识形态和上级领导人的个性偏好，对上述各类权力主体都能发生影响。

面对强权，产权边界几乎处于无设防状态。社会习俗和内心的道德约束都无法与强权匹敌。因此，入侵的深度和广度，主要由强权及其代理人的利益结构决定。权力的入侵态势也体现了官家集团的利益结构——官家整体利益、皇亲国戚利益、权贵利益、条条块块利益、各级官员代理人利益、贪官污吏利益，等等。与这种入侵的凸面对应，产权边界形成了凹面，这就是品级产权各层顶部的形状。

欧美有私人财产神圣不可侵犯之说。1763 年，英国首相皮特在国会讲到民众居家安全的权利：在自己的小屋里，最穷的人也能对抗国王的权威，风可以吹进这所房子，雨可以淋进这所房子，但是国王和他的千军万马不敢跨过这间房子的门槛。此说被简化为"风能进、雨能进、国王不能进"。这个说法大体符合事实的前提是：英国光荣革命成功了，国王的权力被各种力量联手关到了笼子里。

中国则不然。私人产权一直处于顶残状态。从前有皇权神圣不可抗拒，后来有党权神圣不可抗拒。党权又分极权形态和威权形态，背后有不同的意识形态助阵。于是，在中国的产权边界上，如果头号守卫者是极权，助理守卫者是极权意识形态及其道德伦理，我们就会看到品级产权的极权组合。如果守卫者变成威权及其意识形态，就会形成品级产权的威权组合。如果守卫者处于从极权到威权的过渡之中，意识形态也处于调整之中，彼此之间的协调整合尚未完成，就会形成品级产权的半极权半威权组合。

在权利边界的调整变迁之中，违法违宪怎么办？顶层惯用的策略是：先大胆闯大胆试，成功之后再改法修宪。1962 年 6 月中共中央书记处听取华东地区工作汇报，发生了关于"包产到户"的争论，邓小平说了两句名言。第一句："不管黑猫黄猫，能逮住老鼠就是好猫。"第二句："不合法的使它合法起来。"[1] 邓小平成为最高领导人之后，大包干果然合法起来，宪法中的"人民公社三级所有、队为基础"也改为"农村集体经济组织实行家庭承包经营为基础、统分结合的双层经营体制"（第八条）。

总之，随着权力对自身利益的理解及意识形态的变化，随着权力强弱的变化，不同时代不同体制法定的产权边界是不同的。

最后还要说说两条悖论。

第一，国企悖论。

中华人民共和国宪法规定，社会主义公共财产神圣不可侵犯。这与权力神圣不可抗拒的体制原则大体一致，但是深究下去，我们可以发现一个悖论。

众所周知，国有财产的边界保卫工作，普遍不如私人保护自

---

[1] 《杜润生自述：中国农村体制变革重大决策纪实》，第 332 页，人民出版社，2005 年 8 月第 1 版

家财产那么认真细致。公共财产也好，国有或官家资产也罢，这些财产的代理人的利益，并不等于财产所有者的利益。代理人可能监守自盗，代理人地位的升降也掌握在上级领导手里。于是，公共财产或国有资产的边界，对代理人及其上级是半开放的。因此，国有资产的实际边界弱于名义边界，实际价值低于同等水平的私人资产的价值，无论法律赋予它多么神圣不可侵犯的地位。

无数巨贪的案例让我们看到，虽然国企产权的正面大门堂皇神圣，门禁森严，后门却是虚掩的。看门人及其领导有各种手段和机会通过后门获取利益。

"神圣又可侵犯"，这就是国企悖论。

顺着这个逻辑推下去，在"神圣不可侵犯"的宣示中，被神圣化的东西之一，就是官家代理人从后门侵吞蚕食的机会。反过来说，官僚代理人侵吞国有资产的机会越多，拥护这种神圣化的热情就越高。

第二，极权悖论。

前边提到陈云的"鸟笼经济"论，此论来自黄克诚对搞活经济的比喻，陈云引用后广泛流传。[1]

可见，许多官方权威人士认识到，控制程度的最大化，不等于控制效益的最大化。如果对经济的控制程度达到极权水平，全面深入彻底，"四小自由"也不能有，就好比攥紧一只鸟，费心

1　朱佳木:《谈谈陈云对计划与市场关系问题的思考》，《党的文献》2000 年第 3 期

费力，鸟还要死，控制效益成了负数。反过来说，提高控制的经济效益，不得不提高经济领域的自由度，给各界松绑，调动各方面的积极性。根据历史经验，统治集团为了追求经济效益最大化，极权边界大体要退缩到威权边界。

极权在追求控制效益最大化的过程中不得不放弃高度一元化的极权，退向有限多元化的威权，这就是极权悖论。

当然，极权的主要追求并不是经济利益，而是改造人性，培育新人，建立理想社会。一旦理想褪色，改造人性的试验失败，转向"以经济建设为中心"，极权悖论便凸显出来。

极权悖论——放权以获利，可以部分解释改革开放，解释市场和私人产权边界在改革过程中的扩张。拉长历史纵深，还可以解释官家盐业政策演化的基本趋势：以退为进，降低控制程度，提高控制收益。

国企悖论——神圣而可侵，也可以部分解释改革开放，解释"抓大放小"以及国企改革之难：代理人不愿封死那些神圣的后门。

4 第四章
官控经济的三大类型

官控经济的演变，就是官家集团根据自己的世界观和价值观判断利益，根据当时的经济水平和技术手段，调整品级产权和品级商权的组合，摸索并实现利益最大化的过程。

从现在往前倒追，我们大体可以辨认出官控经济的三大类型：

一，当代半极权组合的统制经济。

二，极权组合的计划经济。

三，国民政府时代的统制经济。（与"一"同属一类。）

四，农业时代的管制经济。

官控经济是一级概念，统制经济和计划经济是其下的二级概念。与统制经济和计划经济并列为二级概念的是农业时代中国的"管制经济"。表述这一段经济的流行概念是"自然经济"，强调了农业社会经济的商品率不高，突出了自给自足性质。且不论商品率加上地租、劳役和皇粮国税之后的交换占比到底算高算低，这个概念至少无法描述官家在官山海、名田制和均田制等财经制度中并不那么自然的强大存在及其管制能力。如何描述呢？追随"管制型资本主义"的说法，姑且用弱于"统制经济"的"管制经济"称之。在"管制经济"这个二级概念之下，还应该有几个三级概念，例如北制和南制。汉武帝垄断盐铁的强度高于晚清陶澍的票盐制，权力介入均田制的水平也高于租佃制。南制和北制皆为官家大一统的治世时代之制。乱世时代，坞壁和部曲随处可见，近乎封建庄园，超出了官控经济的范畴。

官控经济与非官控经济都是一级概念，与此近似的概念是哈耶克所说的自发秩序与人造秩序。在这两种秩序和两种经济之间，很难划一道清晰的界线。官控的程度，呈现为一个连续序列。超过哪一点，出现什么标志，某种经济就可以视为官控经济，自发秩序就成为人造秩序，我现在没有能力给出量化的界定标准。但官控经济和人造秩序在中国确实存在，且有"虎踞龙盘今胜昔"之势，这是确定无疑的。

上边提到的计划经济、统制经济和农业时代的官控经济，深受当时的意识形态影响。计划经济背后是斯大林主义，统制经济背后是社会主义和三民主义，农业时代官控经济背后是儒家或法家。主导意识形态不同，形成路径也不同。

中国的儒法官控是在本土生长起来的，在文献上即可追溯到"工商食官"，根深蒂固。欧洲的马列主义设计了通过暴力强制走向官控经济的途径。凯恩斯提供了市场经济经过公共产品和公共选择走向官控经济的逻辑和可能性。毛泽东融合马列和儒法把官控经济推向极端，邓小平的改革开放道路正好相反，放开搞活，从官控经济转向市场经济，但只走了一半。不过，除了凯恩斯之外，所有决策者都是官家，所有决策都体现了官家对自身利益的认定和利益最大化的追求。

3

第三部分

官控经济的演变逻辑

第一节　制产公式

一，土改公式

王莽和国民党的土改，以及中国共产党的三次半土改，无论成败，都有一个共同点：为了皇帝或党的利益最大化改变土地制度，并根据成本收益作出调整。此逻辑已见于"皇土公式"。

共产党 1.0 版土改的新增因素是：土地未必是自己的，但又"入吾彀中"，在自身暴力所及范围之内。立法改制者有能力在这块地盘上取代皇权。

王莽和共产党 2.0 版土改的新增因素是：按照教义评判利益，原教旨理想的排位高于经济绩效。不过，一旦权力陷入险境，就会纠偏。精神利益和物质利益的排序可以调整，权力安全永远第一。与资本主义运行公式 M–C–M'（货币－商品－货币'）相对应，描述官家主义运行原则的公式 P–W–P'（权力－财富－权力'）就包含了这个意思。

王莽、国民党和共产党土改共有的新增因素是：土地虽是"皇土"，但有了私人业主，不同于商鞅和李安世处理的荒地或公地。土改有了受害者，改制成本必定提高，得不偿失就难免失败。如果受害者就在统治集团之内，改制成本体现为内部分裂，改制很容易失败或半途而废。

历代土改都在追求一种新制度。不过，土改的成功，并不能保证新制度成功。官产的激励约束机制不如私产有效，新制度的官气越重，稳定性越差，和平演变越快。同属私有制，小农经济的效率，据说高于地主经济，即自耕农的效率高于佃农或雇工经营，因此"耕者有其田"可以增产。但这种说法是有争议的，并没有得到民国年间的统计数据的支持。[1]

加入了新增因素，尤其是改制过程的成本收益，皇土公式便衍生出土改版。即：土改利益 = 总收益 － 总成本

土改利益，包括精神的和物质的。总收益，包括改制过程的收益和新制度收益。打土豪分田地的收益就是改制过程的收益，小岗村大包干增产四倍则是新制度的收益。总成本包括改制过程的成本和新制度的成本。王莽改制积累的怨恨就是改制过程的成本，人民公社造成减产和饥荒则是新制度的成本。

1　张五常：《佃农理论》第 65-66 页，商务印书馆，2000 年 8 月第 1 版

二，制产公式

党权取代皇权之后，"制民之产"的传统未变，制产者却换了身份。制产者就是主权者。皇帝是主权者，打天下坐江山的党是主权者，选民在民主制度下也是主权者。皇土公式的主语虚位以待，便升级为"制产公式"。

用公式表达：制产之利 = 总收益 − 总成本。

总收益和总成本包括各种性质和规模的产权安排在政治、经济、意识形态等领域的得与失，还包括制产如土改过程中的成本和收益。

商权是商人之产的核心，同时还与商品所有权之中的交易权重合，因此制产公式可以包容"官市公式"。

制产公式是共型，皇土公式，土改公式，官市公式，只是不同条件下的特型。

按照孟子提出的理想标准，"明君制民之产，必使仰足以事父母，俯足以畜妻子，"于是划定百亩之田、五亩之宅，随之而来的社会和政治收益即"有恒产者有恒心"。商鞅在孟子之前数十年已经如此实践，七八百年后北魏继续实践，这是儒法两家的共识。孙中山提出"耕者有其田"，中国共产党赞成并推行，国共两党都加入了这种共识。中国制产史上的主流传统清晰且悠久。

王莽土改和毛泽东的集体化 2.0 版土改，大规模夺民之产，最后都不成功，不得不改了回去，这是制产史上的两段插曲。

第二节　品级产权建构公式

一，毛泽东的算法：以自留地存废为例

现在我们把皇土公式、土改公式、制产公式，把两界多层不同比例的产权安排逻辑，统一为品级产权建构公式。如何统一，如何计算？先讲一个自留地的故事，做一个示范。

1960 年前后，毛泽东在自留地存废问题上反复权衡，五次调整政策。看懂了毛泽东的算法，品级产权建构公式就呼之欲出了。

国家决策者要算总账、算大账。毛泽东时代"政治挂帅、思想领先"，最大的政治是"兴无灭资"、"破私立公"，从社会主义走向共产主义。这种政治考量的排序在经济之前。因此，毛泽东要面对两个问题：

第一，自留地到底是公产还是私产？姓社姓资？

第二，如果是私产，是彻底取缔还是暂时保留？如果保留，留多少合适？成本收益如何评估？

二，自留地的性质

前边介绍大包干性质之争时，我们把官民"两界多层"的立体结构展开摊平，拉成一个 1-10 分的连续序列，最左端的 1 分

是官方定义下纯度最高的社会主义公有制，最右端的 10 分是最纯的资本主义私有制，5 分为公私分界点。

自留地的位置在哪儿呢？

前边说过，自留地是人民公社生产队分给社员耕种的小块土地，让社员利用零散业余时间种植蔬菜，通常占可耕地面积的5%。对自留地的产权性质有两种看法：毛泽东和邓子恢认为自留地是小私有、资本主义残余，杜润生说自留地是公产私营。

如果采纳杜润生的说法，自留地就是高残公产，即使用权和收益权归社员个人的集体土地，可划在公私分界点 5 分之前、三级所有队为基础的 4.9 分之后，大概位于 4.95 分。如果采纳毛泽东所代表的主流看法，自留地就是高残私产，位于 5.1 分。张五常说私人产权由所有权、转让权、使用权和收入享用权这四条构成，自留地的所有权和转让权仍属公有，但使用权和收益权给了社员，四项权利各分一半。

自留地作为公产是半残的，作为私产也是半残的。从公权强大、小农软弱的角度说，应该是 4.95 分。用发展的眼光看，小农总要设法挤占扩张，虚弱的公产早晚要被掏空，说 5.1 分并不错。

如果定位于 5.1 分，作为"资本主义尾巴"，自留地将带来三项成本。

三，自留地的成本收益

每一品级的产权主体都有自己的权利和义务，也有相应的成本和收益。

全民所有制的领导者必须给职工发工资并提供最基本的福利待遇，集体所有制的劳动者趋之若鹜。但中央政府无力安排那么多人就业、承担这么多责任。

大跃进时各村并社，一个乡并成一个公社，甚至一个县一个公社，统一调拨土地和劳动力，好处是随意调动各村的劳动力大搞农田水利建设，领导很爽。成本是各村收入平等、吃大锅饭、吃公共食堂，各级干部不认真管理，社员们也不好好干活。地里的粮食烂了没人收，结果浪费多收入少，三年大饥荒饿死了三千多万人。

成本如此高昂，乡镇级的集体所有被迫退到村级生产大队，再退到组级生产小队，即"三级所有、队为基础"，生产小队的坐标大概在 4.6-4.9 之间。数十户人家吃大锅饭，共同生产分配，偷懒搭车和多吃多占难免，但不至于粮食烂在地里没人收了。

那么，自留地的成本和收益是什么？

成本之一：让社员生出二心，与公家争夺土地、水肥、劳动者的时间和精力等稀缺资源。这是肉眼可见的成本。控制成本的方式，就是限制自留地的面积，不许超过耕地面积的 5%，只允许社员利用业余时间打理，只能发挥拾遗补缺的作用。

成本之二：资本主义据此复辟，进而两极分化。毛泽东转述列宁的话说："小生产是经常地、每日每时地、自发地和大批地产生着资本主义和资产阶级的。"顺着这条路走，很快就能见到7分8分。如毛泽东所说："半年的时间就看出农村阶级分化很厉害。有的人很穷，没法生活。有卖地的，有买地的。有放高利贷的，有讨小老婆的。"

当然，小生产很难在5%的耕地面积上产生资本主义和资产阶级，50%也不行。中国农村的小生产存在了两千多年也没产生资本主义。这只是毛泽东片面想象中的未来成本。"未来"的意思是：现在没大事，但要防患于未然。"片面想象"的意思是：即便私有制复辟了，也未必有严重的两极分化。北欧那边的私有制就没有，台湾也没有。反过来说，公有制下未必就没有两极分化。在公有制下，有的人更穷，有的人小老婆更多，因为权力要素比资本和土地要素获取财富的能力更强。

成本之三：偏离集体化道路，失去了集中力量办大事如兴修水利的优势，失去了规模经济拉动机械化等好处，失去了"先进生产关系可以解放生产力"之类理论上的好处。

当然，这些也是在自留地大规模扩张之后才可能失去的东西，也包含了片面想象成分。实际上，大包干之后，出现了农机专业户。麦收季节，机械化麦客从南到北扫过中国大地，农业机械化的水平大大提高了。

成本如上，收益如何？自留地的收益可达公田的五倍，以5%

的土地面积，获得 20-30% 的家庭收入，平时拾遗补缺，饥荒时可以救命，由此降低民众的改制冲动，换来人民公社的稳固。

我在山村插队实际看到的是：自留地和农家庭院的收入，种菜种烟，养猪养鸡，可以占到全年总收入的 40%。

成本收益评估：有人觉得自留地的收益大于成本，便提议从 5% 的面积扩大到 7-10%，赵紫阳还想提高到 15%。有人觉得集体经济在竞争中受损，限制了自留地的面积还要限制水肥，再找机会彻底取缔。农业样板山西省昔阳县大寨大队就彻底取消了自留地。

四，毛泽东的反复：穷放富收定律

毛泽东在自留地存废问题上左右权衡，折腾了五次。

第一次。1958 年大跃进，亩产万斤乃至十几万斤的消息满天飞，似乎粮食多得吃不完。毛泽东头脑大热，说人民公社更"公"一点，资本主义的残余可以逐步取消，比如自留地，[1] 结果当年就取消了。

第二次。1959 年 5 月，农副产品供应紧张，市场上蔬菜肉类短缺，中共中央发出《紧急指示》恢复了自留地。

第三次。1959 年 7 月庐山会议反右倾，全国左转，入冬后"共产风"再起，又收了自留地。这次折腾，近乎政治斗气。彭德怀

1　毛泽东在中共中央政治局扩大会上的讲话记录，1958 年 8 月 30 日，转引自金冲

批评毛泽东"小资产阶级狂热性"，毛泽东打倒了彭德怀。算政治账，毛泽东赢了。但自留地是用来解决食物匮乏问题的，收了自留地，匮乏更严重了。算经济账，毛泽东输了。

第四次。1960 年大饥荒，上千万人饿死，当年 11 月中共中央发出《紧急指示信》，允许社员经营少量自留地，还说以后不得收回。

第五次是一个过程：1962 年 9 月，经济形势刚刚有所好转，毛泽东便开始强调阶级斗争，但又说不许干扰经济工作。如此缓缓加码，直到 1975 年全国开展"学习无产阶级专政理论"运动，限制资产阶级法权、限制小生产、铲除资本主义土壤、"割资本主义尾巴"，一些地方再次尝试取缔自留地。十多年内小幅波动，逐步收紧。

毛泽东的评估框架，即所谓无产阶级专政下继续革命的理论，有一种神圣化公有制并妖魔化私有制的倾向。彻底消灭私有制的伟大理想排位很高。

但是，按照需求层次理论，第一层是温饱之类的生理需求，第二层是安全，第三层是社会归属，第四层自尊，第五层才是自我实现。吃饱的时候可以有多种选择和偏好，可以有各种理想，越往匮乏底线走，选择越简单，长期挨饿的人只剩下一个念头：吃。在生死存亡之际，意识形态偏好被迫向吃饭让位。对温饱的

及《二十世纪中国史纲》，下册，第 885 页

估值必定超过对理想的估值。

毛泽东一年半两进两退，退让了两次。他的反复权衡，就是在农产品丰歉的波动中寻找利益最大化的政策。进，关乎理想和政治安全；退，关乎吃饭。歉收饥荒之时，对粮食和吃饱的估值上升，就恢复甚至增加自留地。日子过得好一点了，意识形态理想的排位提升了，就要压缩甚至取消自留地。

一位红二代概括这条规律说："共产党一穷就好，一富就坏"。他的意思是：穷了，党就给民众一点经济自由，先救急，大家能过几天好日子；富了，党就追求共产主义理想，剥夺人们的经济自由，结果大家吃苦受穷。换言之：一穷就放，一富就收。不管是收是放，都遵循了官家主义的基本原则：P-W-P'，即权力的保值增值。

这条"穷放富收定律"，植根于人性中不同层次需求之间的常规关系，体现为社会问题排序的变化。一级问题是温饱或穷富问题，二级问题是两极分化之类的问题。贫困之时，自由经济制度创造财富的功能受到尊重。温饱之后，自由经济的副产品如两极分化更受重视。

"穷放富收定律"在极权体制下通过领袖意志和政策左右摇摆表现出来，在民主体制下通过自由主义政党与社会民主党的轮流执政表现出来。标准资本主义意识形态关注一级问题，左翼意识形态关注二级问题。

五，品级产权建构公式

前边说到，经济学所谓利益最大化的实现条件是"边际收益＝边际成本"。对自留地而言，如果收益大于成本，就应该保留甚至扩大。反之就要压缩甚至取缔。如此反复调整，直到无利可图。最大化目标达成并稳定下来的条件是"自留地边际成本＝自留地边际收益"，即：

自留地边际收益／自留地边际成本＝1

自留地的边际成本主要看政治账，边际收益主要看经济账。自留地属于小私有和资本主义残余，与集体经济争夺人心和各种资源，政治账是负数，计入成本。但经济效益又很高，计入收益。于是将自留地的占地比例限制在5-7%，限制其争夺能力，同时发挥拾遗补缺的经济作用，有助于稳定经济和社会秩序。在这个比例上，边际成本＝边际收益。

我们将此逻辑推广到两界多层品级产权的全序列之中，1级央产、2级地方国营、3级大集体……5.1级自留地，各自占比多大合适呢？官家实现利益最大化的制度安排是：让央产至自留地每个品级的产权，其边际成本与边际收益全部相等。这就是制产公式的扩展，即品级产权建构公式：

1级产权边际收益／1级产权边际成本＝2级产权边际收益／2级产权边际成本＝3级产权边际收益／3级产权边际成本＝4级产

权边际收益 /4 级产权边际成本 =5.1 级产权边际收益 /5.1 级产权边际成本 =N 级产权边际收益 /N 级产权边际成本 =1

由公式可知，任何位置上的成本收益改变，都会引起整体均衡的调整。在此公式之上，追求利益最大化的制产者可能更换，其意识形态可能生变，经济发展或灾害饥荒等因素导致的价值排序可变，技术进步和贪污腐败也会改变管控成本。上述因素自毛、邓以来一直在变，品级产权的格局随之改变，至今动荡不已。

六，公式的解释范围及暗账问题

品级产权建构公式，可以解释当代中国出版界的两界多层产权结构，也可以解释土改乃至历史上全部官田和民田的演化。

在历代土地品级序列的一级位置，有天子亲耕示范的籍田，好比当代出版界的人民日报，核心功能是政治教化。二级位置有养亲酬功的王庄，好比权贵分工把持不同领域的国企，涉及权力分配和权贵家族待遇。在三级位置上，屯田的主要功能是戍边保障，好比毛泽东时代的"三线建设"。

在特殊历史时期，例如王莽时代的"井田圣制"，大跃进时代的全民所有制，具备了教义赋予的神圣性，公有制的地位也整体上升。

上述权利组合所承担的政治和意识形态功能，都比经济效益重要。这种组合的成本和收益要算"政治账"，不能只算"经济账"。所谓政治账或意识形态账，涉及个人或组织的生命及其意义，难以用金钱衡量。哪怕是民间族田中的祭田，祖宗坟茔所在，田价也不能以地租衡量。家庭账目中的现金，一千元保命钱，其价值也高于一千元闲钱，这是生命本位的算法。血酬和命价就是打通生命本位与货币本位两种算法的概念。

政治和经济账下还要考虑一本暗账。例如国企效率低下，却有扩张之势。计入意识形态和政府控制便利等政治收益之后，仍有亏损之感。如果计入潜规则给权贵带来的潜收益，再考虑到这种代理人私利对制度抉择的影响，总账就容易做平了。

品级产权建构公式的算法很有中国特色。更准确地说，很有前现代或前资本主义时代的特色，那是打天下坐江山的暴力集团主导的时代。所谓资产阶级革命，建立了一种凭借财产资格成为选民并立法定规的社会，资产阶级成为制产者，把财富创造和资本增值放在首位，经济账与政治账合一了。M-C-M' 成为政治、经济、社会乃至文化的主导原则。资产阶级追求机会平等和市场地位平等，反对封建特权，产权和商权结构就会趋向平等，特权垄断和品级待遇将大大减少。

反过来说，权力和暴力被资本关入笼子之后，皇帝或总书记被迫退居二线。总统或首相只是选民的代理人，他们的政治安全和伟大理想必须向选民养家发财之类的经济诉求让步。这时，品级产权建构公式失去了解释对象，就应该隐入历史尘烟了。

品级产权建构公式的基本逻辑，也适用于品级商权的建构，把公式中的 N 级产权换成 N 级商权即可。

第三节　品级利权建构公式及其升级

晚清进入千年变局，西人凭借坚船利炮闯入国门，索要各种经济权利——贸易和生产的自由。例如五口通商、修建铁路、开通航道、办厂开矿、置地建房等等。这些要求引发了争端，如何描述这类争端并表述各种经济权利？"利权"这个概念流行一时。五口通商属于商权，投资设厂置地建房近乎产权——拥有、使用并受益的权利。即：利权＝商权＋产权。

在英语环境里，民众天然拥有这些经济权利，利权可以译为rights。在汉语环境里，民众天然没有这些权利，"普天之下莫非王土"，"生杀予夺"天子说了算，权利由天子恩赐或收回，利权应该译为 power。中国的权利是权力让渡给民众的，而不是民众让渡给权力的，这也是中国利权（产权＋商权）顶残特征的根源。至于中国大一统权力的来源，"元权力"的结构特征，涉及人文地理等基本要素，需要专门讨论，这里不多说。

产权和商权概念合并为利权之后，品级产权和品级商权的建构公式即可合并为品级利权建构公式，即：

利权边际收益（1，……N 级）/利权边际成本（1，……N 级）＝1

这是权力要素主导的、以权力要素收益最大化为取向的、关于产权和商权在不同领域和不同主体之间如何分配的全要素参与的算法。在上述等式成立的条件下，官方的利益最大化即可实现。

在大一统体制下，不仅经济制度建构的底层逻辑是官家利益最大化，全社会的制度建构皆然。

《资治通鉴》开篇第一笔，记载公元前 403 年周威烈王将瓜分晋国的三家大夫封为诸侯。司马光解释此事之重要，阐述正统儒家史观，首先确认了天子职责："臣闻天子之职莫大于礼，礼莫大于分，分莫大于名。……为政孔子欲先正名，以为名不正则民无所措手足。"

礼是由各种名分构成的，规定了不同身分的人的义务和权利。贵族和天子在权利义务之外还有权力，不妨统称为"权分"。冠以不同名号的权分就是"名分"。庄子说"《春秋》以道名分"，由此可见孔子观察历史和社会的视角。不同品级的产权、商权、利权，各种人身权利和特权，各种权分名分，都是天子及其下属努力建构并维护的，都体现了他们对自身利益最大化的追求。由于来路不同，环境有变，获取利益最大化的法规也要做出相应的调整。如隋文帝立法诏书所说："帝王作法，沿革不同，取适于时，故有损益。"[1] 这种损益变迁的底层逻辑，品级利权建构公式已有表述，我们可以沿着儒家史观的方向进一步升级，于是有品级权分建构公式：

权分边际收益（1,……N 级）/权分边际成本（1,……N 级）=1

1　《隋书》卷二十五，志二十 刑法

周威烈王授予犯上作乱者诸侯名号，尽管没有增加他们的物质力量，却给了他们合法性和正当性。这种边际增加或分际调整，司马光认为得不偿失。天子自坏君臣之礼，弱化了仅存的控制手段，从此天下以智力相雄长，大一统加速解体，社稷绝，生民灭，战国时代开始了。

周天子自坏周礼之前约七八十年，子张请教孔子："十世可知也？"孔子回答说："殷因于夏礼，所损益，可知也；周因于殷礼，所损益，可知也。其或继周者，虽百世可知也。"（论语·为政）这种视角，正是司马光继承并发扬的"礼－分－名"边际损益分析。品级权分建构公式描述了这种损益分析的底层逻辑。依据这种逻辑，夏商周以至元明清的变迁确实可知可解。在新增要素显现的条件下，预知未来一两代社会的大体结构也是可能的。

6 第六章
官控经济三定律

第一节　官控经济第一定律：官家收益最大化

回顾史实，我们已经在盐业官营演化史中看到了先收后放的 U 形变迁：从自由市场走向垄断、从部分垄断走向全面垄断，再逐步波动放开。

随后，我们看到国民党在统制经济的进退中寻找最佳点，也是先收后放，U 形变迁再次出现。

共产党建政之后，同样先收后放，在计划经济和改革开放中摸索利益最大化的那一点，也走出了一个 U 形弯。统购统销的兴废、外贸经营权的收放、连同投机倒把罪的确立和废除，都呈现 U 形轨迹。

这种 U 形变迁不仅出现在统购统销之类的商权领域，也出现在产权领域。例如均田制、旗田制和人民公社的兴衰。

游牧部族入主中原，从南北朝到隋唐第一轮，从辽金宋到元明清第二轮，也走出了两个 U 形。U 形的前半段以收为主，李治安教授称之为"北制"，北制的特征是强制性的主从依附关系。后边段以放为主，走向"南制"，其特征是契约性的租佃雇佣关系。前后两轮南北朝至大一统，都从北制入，从南制出。[1]这种"先北后南"，其实是"先收后放"。

官市公式和皇土公式给出了决策者在商权和产权领域的算法，品级利权建构公式进一步给出了决策者在特权制度建构的综合考量中追求利益最大化的算法。不过，这些算法只能描述官家的成本收益计算，却不能解释反复出现的 U 形变迁。

上述 U 形变迁的底层逻辑何在？

用一句话说，就是官家凭借管控追求利益最大化。但这种追求受到各种约束，尤其是自身管控能力和生产集团消极反应的约束，不得不随着条件变化调整管控边界。

本书第二章第三节提炼官市公式时介绍过"改革开放三定律"。第一自由定律：财富创造与经济自由正相关。据此我们可以预测生产集团对管制强度的反应。第二执政者衰亡定律：官家背离自由定律越远越容易衰亡。据此我们可以预测官家管控能力的强弱。第三收放定律：官家趋利避害调节收放，直到放权收益与放权损失相等为止。据此我们可以预测官家的政策调整。

1　李治安，上述观点分别见于《两个南北朝与中古以来的历史发展线索》（文史哲，2009 年第 6 期），《元和明前期南北差异的博弈与整合发展》（历史研究，2011 年第 5 期），《多维度诠释中国古代史》（中国社会科学评价，2016 年第 4 期）

历史上反复出现的 U 形变迁表明，这三条定律不仅可以解释当代的改革开放，还可以升级为描述中国历代经济制度变迁的定律：官控经济第一定律。收收放放，皆是追求官家利益最大化，而官家的长远利益和整体利益，又取决于适度"放权让利"以调动生产者创造财富的积极性，即找到最佳自由度。

总之，权力凭借全面管控经济追求利益最大化，直到得不偿失，再回调到官家利益最大化的位置，这就是官控经济第一定律。

当代国人经历了改革开放，不难理解"放权让利"对官家的好处。但是，违背自由定律有什么好处？官家为什么要收紧？

历史给出的答案是：管仲"官山海"为了加税，汉武帝榷盐榷铁为了增加军费，顺治广设旗田为了奖励军功安置八旗，陈云统购统销为了低价收粮，王莽和毛泽东改变既有制度为了实现原教旨式的理想。

至于游牧部族入主中原，"马上得天下"却未必"马上治之"，于是有"先北后南"的转型。成吉思汗创立的千户制集政治、经济、军事、部族于一体，近乎常备军，这种强制性的超经济人身依附关系有利于沙场争胜，也正是北制的灵魂。南制偏重租佃雇佣关系，有利于财富创造。北制适合打天下，南制适合坐江山。"先北后南"，正是暴力集团从"革命党"转变为"执政党"，追求收益最大化的结果。

上述收放调整并不是一次性的。只要利益足够大，一代人之内就会出现政策反复：放开了再垄断，垄断了再放开，从民进官退到官进民退，官家反复获利。

从建构品级利权的角度看，官控经济第一定律就好比一只看得见的大手，根据自身利益形塑产权和商权的阶梯形金字塔。用陈云的比喻说，第一定律就是给不同的市场主体编织出不同大小的鸟笼，并根据需要随时调整鸟笼的尺寸。三刀两补也好，两界多层也罢，都是官控经济第一定律的产物。

第一定律所描述的是大一统专制条件下的官家集团与生产集团的关系。对比封建时代的欧洲，用施穆勒的话说："不管是帝国、教会还是领主，都没能创造一种属于自己的经济生活或任何有力的经济组织。"[1] 在我们这边，大一统官家帝国却创建了一种依附于自身的经济体制，办成了德意志帝国和天主教会办不到的事。为什么？欧洲独立决策的"老板"更多，他们在中世纪封建体制下受到的约束更多，对经济体制的建构能力受到各种限制，官控经济第一定律在那里行不通。不仅如此。按照唯物史观的说法，帝国和教会还要被经济生活和经济组织所"决定"。

至于后来的欧洲绝对主义王权与生产集团的关系，受到教权、市镇自治权和封建贵族权利的制约和隔离，也比大一统体制下官权与编户齐民的关系复杂，王权形塑能力仍然受限，君主建构经济体制仍然困难重重。

同样道理，在中国乱世，大一统解体坞壁遍地之时，官控范

1　古斯塔夫·冯·施穆勒：《重商主义制度及其历史意义》，严鹏译注，第61页，东方出版中心，2023年5月第1版

围和官控能力萎缩，第一定律自然失灵。官家主义秩序重建之初，皇权不够强大或官僚机器运转不良之时，别说土改，即便核实土地人口数字，也要绕开权势豪门，发生"颍川弘农可问，河南南阳不可问"[1]之类的故事。反过来说，大一统的水平越高，第一定律越管用。

---

1 公元 35 年，汉光武帝刘秀下令核实全国农田和户口（度田），各地执行不力。匿名信有"颍川弘农可问，河南南阳不可问"之语，即绕开权势豪族：河南是京师，近臣多。南阳是帝乡，皇亲多。此后几经周折，杀掉一批官吏包括数位大臣，高压之下，多年之后，度田才大体成功。由此可见，大一统皇权冲破障碍也不那么容易。对皇权代理人和执行者来说，拖延抵制或贯彻落实圣旨的程度，取决于自身的利害权衡。

第二节 官控经济第二定律：代理人收益最大化

官控经济第一定律说的是：官家在约束条件下追求利益最大化，形塑了产权和商权的品级结构，即阶梯形金字塔式的经济制度。

官控经济第二定律要说的是：在金字塔每个层级的边界处，尤其在顶部，都有权力代理人以权谋私，挖掘钻营。他们对产权和商权边界的蚕食，导致经济制度暗自变迁。变迁的结果，取决于约束条件的变化。

例如明朝的盐商，拥有特许经营权，不妨比作商权金字塔中上层的一间大厅。在他们之上有皇家朝廷、豪门权贵、条条块块和各级官僚代理人，大厅上下和四壁有盐政官吏守护。不过，特许经营权的守护者可能主动以权谋私，也可能在各方的威胁利诱下调整既定边界，代之以各种各样的潜规则。

按照明代学者宋应星给出的数据，明万历（1573-1620）最盛时，扬州盐商的资本超过三千万两银子，每年利润约九百万两，输帑一百万，打点各方（主要是官场）三百万，潜规则开支已是官帑的三倍。天启年间（1621-1627），太监当国，盐课加重，官吏奸猾，棍徒横行，官船和漕军夹带走私，盐商生意大坏。盐商总资本降到五百万两之下，半数负债，自己也夹带私盐了。[1]

---

1 宋应星：《野议·盐政》

上述各路侵蚀者，盐课、太监、官吏、官船和漕军，都来自顶部的官家。棍徒或民间私盐贩子总会存在，数量多少也取决于官家的缉私力度。

官家代理人可以向两个方向调整利权边界，或收或放，或压缩或扩张。盐榷是一种税收，凭借商权垄断从民间获取利润。盐商的垄断权受到官民各方的侵蚀，相当于放开商权，官帑受损。与此相反，宦官在官市"抑买"薪炭，官吏征收皇粮时"浮收勒折"，相当于压缩民间的产权和商权，民众受损。无论是压缩民众的权利，还是侵蚀皇家的权力，代理人总要走到自身利益最大化的位置。这个位置的实际所在，既取决于自身追求的强度，也取决于上级管控和民间抵制的强度。

中国各类产权商权的顶残程度，在不同时期、不同地区和不同领域也呈现出不同形态。"投资不出山海关"，就描述了当代民间资本对东北地区的私有产权残缺度的判断。南方各市县招商引资，争相提供优惠，局部降低了产权残缺度，白重恩教授称之为"特惠经济"。

"特惠经济"的反面可谓"特残经济"，两者都偏离了中国利权保护的平均水平。这种偏离，在很大程度上可以解释繁荣的地区差异和领域差异。

在官家集团条块结构中，各地政府相当于次级制产者。在地方和部门立法定规的范围内，在自由裁量的空间之内，各地政府可以制造更多的残缺，也可以提供比较多的自由和优惠。通过降低税费、降低环保标准、强化社会治安、限制吃拿卡要、约束合法伤害权，还可以降低产权和市场的残缺度。通过限制工会压低工资、低价征用农地然后低价出售、以土地抵押取得并提供低息贷款，可以降低生产要素的价格。

张五常教授把这种招商引资的区域竞争机制，看作促进中国经济发展的最好制度。这种制度的运行，符合官控经济第一定律的逻辑，即权力要素收益最大化的逻辑，但增加了次级权力的平行竞争。这种竞争为资本提供了选择比较的机会，形成了各地权力要素追求利益最大化的约束条件。于是，官家主义总公式 P–W–P'，转向了资本主义总公式 M–C–M'，在此局部，资本增值暂时升级为政治经济的主导原则。

各市县的竞争，好比地方诸侯竞争甚至列国竞争。改革开放之后实行了财政包干制和分税制，地方权力要素有了剩余索取权。权力使用权与剩余索取权的组合，就像土地承包制一样发挥了激励约束功能，地方权力有了促进地方经济发展、培养扩大税基的积极性，显现出 17 世纪前资本主义时代欧洲列强的重商主义行为特征。

在废封建、立郡县之后，郡县衙门及官僚代理人取代了封建诸侯，农工商各系统的衙门及官吏直接面对编户齐民，皇帝与编户齐民之间有政治功能的"中间组织"成为扫荡对象，此时描述官家的"条条块块"及其代理人的作用，相当于描述打折降级并扭曲的封建诸侯及各种中间组织对规则和制度的影响。

总之，皇权代理者，包括官僚代理人和条条块块小集团，都在自己代理的权力范围内扭曲初始制度，追求自身利益最大化。代理人行为虽然多种多样，但在权力不受制约的委任制的条件下，短期利益和个人利益是其主要追求，于是，以权谋私、瞒上欺下、代理成本越来越高、代理人获取的财富份额越来越大，成了历代王朝共有的基本趋势。由于权力代理人的收益丰厚，钻营入伙者众多，这些人构成了新的社会集团，例如法定编制外的官吏衙役，我称之为"白员"，他们的数量往往是额定编制的六七倍。[1] 持续扩大的群体，又推动潜规则边界的进一步扩张。在王朝兴亡的循环中，潜规则支配的空间、代理人收益的份额和人数比例，也呈现正弦波形态。

1　吴思:《血酬定律》，白员的胜局，工人出版社 2003 年版

第三节　官控经济第三定律:政治决定经济

官控经济第一和第二定律描述了官家集团公开和私下的行为。暴力集团及其代理人对政治和经济利益最大化的追求,他们的利害计算,他们的眼界和重农抑商之类的价值观,决定了生产集团的处境,因而决定了经济的兴衰。政治决定经济,这就是官控经济第三定律。

从衰亡的角度说,权力越蛮横,掠夺率越高,限制越多,自由空间的天花板越低,经济就越萧条。暴力不能创造经济繁荣和发展,但很容易毁掉繁荣并限制发展。暴力掠夺,官家可以合法或半合法地进行,在黑白两道勾结,或者官家失职失控的条件下,民间的各种非法暴力团伙也会遍布天下。一旦形成流寇,所过之处一片荒芜,民众无以为生,就可能加入暴力团伙,形成民－贼循环。官家无力镇压,于是加大税收,扩充官军,参与抢劫,又造就了更多的贼寇。如此形成官－民－贼循环,于是税基加速萎缩,政治经济进入死亡螺旋。

从兴盛的角度说,大一统武力可以维护经济发展和繁荣所需的和平自由环境,而财富创造的自由空间越大,天花板越高,各生产要素多付多得的保障越可靠,所创造的财富越多。自由是保护生产集团追求利益最大化的制度。自由与财富创造的这种正相关关系，即自由定律，描述了生产集团的行为特征，正如官控经济定律描述了官家集团在经济领域的行为特征一样。

宪政民主国家的政治对经济也有巨大影响。对比英国工党的政策，保守党首相撒切尔夫人抑制工会并将国企私有化，经济自由度和繁荣程度随之改变。区别在于，宪政民主国家的政治本身受到民间各个生产集团控制，而官家主义的专制政治不受民间控制。官家集团与民间劳动、资本和土地等生产要素集团虽有共容利益，但官家集团利益最大化的自由度，低于民间各大生产集团利益最大化的自由度，两者之间存在一个夹层。为了标识方便，姑且称此夹层为"官民争夺层"。官家控制了这个夹层并获得相应的收益，便是官家主义，官家主义的"政治决定经济定律"成立。公民控制了这个夹层，便是民主宪政，无论资本集团与劳动集团对天花板的位置有何争议，最终都是经济控制政治，官家主义的"政治决定经济定律"便不能成立。带领民众突破"官顶"然后控制"夹层"的革命，便是"资产阶级革命"。

亚当·斯密认为，中国数百年的富裕和繁荣，达到了其法律和制度所能允许的顶点。在我看来，这种制度大顶，就是由官控经济第一第二定律造就的自由天花板的高度和实际掠夺率共同建构的，即夹层之"官顶"。在遭遇财政危机时，官家集团必定设法夺取民间的存量财富，并进一步压低官顶，扩大夹层，以占有新增财富的更大份额。条条块块和各级代理人一旦遭遇财务危机，也必定以权谋私设法获取财富，进一步压低斯密大顶。这个大顶封住了斯密式发展的上升通道。

　　官家的大手小手、明手暗手，共同造就了品级市场、品级产权和品级社会，一方面给他们带来了特权收益，另一方面也造成了市场、产权和社会自由空间被压缩的半残状态。这种制度既能产生有限的繁荣富裕，也能给繁荣富裕封顶。

第四节　官控经济定律与市场规律

一，按照官控经济定律的逻辑，如果官家认定市场对自身不利，完全可能取缔或限制市场，代之以计划调拨或"统购统销"式高残市场。在计划经济领域，如斯大林版本的社会主义政治经济学所说，官家按照"有计划按比例发展规律"，主要以行政命令的方式，安排生产分配流通和消费，把全国办成一家大公司甚至一所大兵营。

二，在官方保留的市场上，市场规律，例如需求定律和供给定律，可能在需求和供给两端受到官家扭曲。例如限制土地供给以抬高土地出让价，或者限制买房资格以减少购房需求。倘若不顾需求和供给的实际关系，硬性规定官价并严厉打击黑市，相当于只允许市场在某个交易价格上存在。"三刀两补"式的出版市场，就是用综合性手法进行多方扭曲的产物。

三，在经济领域里，让市场发挥多大作用，让政府发挥多大作用，这本身就体现了官控经济定律，反映了官控经济或人造秩序的基础架构。

4

第四部分

权力是谁

7 第七章
权力是谁：俄罗斯套娃的比喻

第一节 元权力

前边描述了中国特色的商权和产权的复杂边界及其变迁轨迹。我们看到，划定、修改、守卫或侵犯这些边界的力量，主要来自官方。官方的各种权力——立法、司法、行政、条条块块、中央和地方、笔杆子和枪杆子，主要由打天下坐江山的枪杆子决定。在此意义上，暴力是决定权力的权力，我称之为元权力。毛泽东说"枪杆子里面出政权"，他描述的就是元权力。

元权力是最高权力，其近义词为主权，但凸显了主权及其代理人的主宰面目和暴力性质。

元权力是谁，如何演变，决定了权力的复杂身份，这是一个历史故事。

第二节　欧洲元权力的格局及其演化

一，多元化的元权力格局

罗马帝国解体之后，欧洲形成了群雄并立、多元共存的元权力结构。在这种结构中，如果封建贵族最终说了算，就是封建主义；如果中央集权专制的国王最后说了算，就是绝对主义。多元结构中的暴力集团相互牵制，好比枪杆子相互牵制；教会与国王相互牵制，好比枪杆子与笔杆子相互牵制。对比皇权大一统的君临天下，左文右武，国王和贵族的控制力弱多了。

欧洲的国王和贵族，凭借暴力资源，通过强制命令，追求利益最大化。资本，市民，通过市场交易，追求利益最大化。暴力集团与生产集团博弈，形成双方权益的边界。

在多元共存的元权力结构的基础上，历史性创新出现了。在种种机缘巧合之中，资本做大做强，在某个夹缝中生长壮大，并在某个局部控制了权力。换句话说，生产要素中的强者控制了暴力要素中的弱者，将暴力集团收编为自家的保安，即亚当·斯密所谓的守夜人。卢梭"主权在民"的主张初步实现。

此时，资本利益的最大化——保护产权、扩张商权、为资本增值创造条件，让 M-C-M' 循环顺畅，定义了新权力的性质。这种性质，史称资本主义。

二，资本主义的演变

资本主导的元权力结构，在十八和十九世纪的欧美持续演进。

市场范围的最大化，主要是资本的追求，未必是无产阶级的追求。在市场上处于弱势地位的社会集团，必然寻求各种力量——宗教力量、道德力量、尤其是政治力量——限制市场，弥补自身的弱势。各种社会主义主张由此诞生，国际共产主义运动据此兴起。选举权逐步普及，民主制度逐步建立，资本主导的元权力结构最终形成了三权分立的宪政民主格局，"主权在民"得以充分实现并稳定下来。

社会各界尤其是工会力量进入立法层分享元权力之后，资本主义主导原则 M–C–M' 被迫向其他政治诉求妥协让步，例如向工会的保就业涨工资 S–J–S'（工资－职业－工资'）原则让步，资本主导的资本主义便逐步转向符合字面含义的"社会"主义——社会各界共同主导的社会。

国家权力应该保护产权，还是干预市场以免各阶级遭受市场运行之苦？"这是 20 世纪政治问题的核心"。[1] 如何解决这个问题，反过来定义了国家权力的性质。

左翼的社会民主党，偏向劳工和弱势群体。右翼的保守党或共和党，偏向资本和市场。新权力的性质，就在社会民主主义与新自由主义这两端之间摇摆。不过，摇摆再大，也不会退到国王和贵族之类的暴力集团被驯服之前的状态。三权分立彼此制约的元权力结构，确保暴力强制让位于协商契约。

1　科林·克劳奇《市场与国家》，《布莱克维尔政治社会学指南》，第 257 页，浙江人民出版社，2007 年 5 月第 1 版

第三节　官家套娃：中国老权力的转世重生

一，传统官家集团：里层套娃

秦汉之后，历代中国的权力都掌握在打天下坐江山的暴力集团手里。这个集团以皇帝为首，从儒生中选拔官员作为代理人。暴力集团股东和儒家代理人共同构成官家集团。

官家集团由皇家、条条块块（部门和地方政府）和官僚代理人构成。皇家宗室贵族好比大小股东，条条块块好比公司机构，官僚是负责各级机构运行的代理人。

这是一家独大的元权力结构。皇帝是元权力的人格化。皇帝的最大利益就是大一统体制的"长治久安"。如秦始皇希望的那样，权力一代一代往下传，二世、三世，以至万世，永久享国。$P-W-P'$，实现权力保值，如果有能力有空间就争取升值。

在皇权王法的宝纛下，条条块块和各级官员借助其代理的权力，扩张小集团和个人私利，为了升官发财不惜损害皇家利益和整体利益，甚至鸠占鹊巢。这就是所谓公私矛盾。历代王朝有三大死因：官变、民变、外族入侵。官变直接来自公私矛盾，民变通常也是官逼民反。外族入侵通常是乘虚而入，都与公私矛盾有关。但权力不能不由代理人行使，又不能放任民间受害者监控，公私矛盾注定无法清除。

如果把中国的官家集团比喻为俄罗斯套娃，秦汉之后历代王朝的官家集团可谓最里层那个套娃。这个套娃有一张阴阳脸，正面是皇帝及其代表的"天下公义"，背面是条条块块小集团和官僚的代理人私利。官控经济第一和第二定律分别描述了阳脸和阴脸的表情肌理。在这个套娃怀里，揣着打天下坐江山的祖传宝刀。

二，新式武装教团：中层套娃

在西方的冲击和引导下，中国出现了新的意识形态集团，推崇马教，放弃儒教，敌视私人资本，偏好市场限制。枪杆子与笔杆子结合，构成武装教团，试图一举清除内忧外患。

武装教团动员贫苦大众等市场弱势群体，反帝、反封建、反官僚资本，推翻了"三座大山"。打天下坐江山之后，继续反剥削、反压迫、反不平等，反市场，反私有制，共建社会主义，为实现共产主义而奋斗。

这时候，新问题出来了。实行公有制和计划经济之后，官家控制了一切，经济活动在行政命令体系之内运行，等级性和强制性更强了——反不平等却强化了不平等，反压迫却强化了压迫。不仅如此。皇权时代的公私矛盾依旧，但新官家集团没了皇帝，没了股东，天下无主，人人都是代理人，代理人的权力又远超历朝历代，控制的广度和深度也远超历朝历代，以权谋私更方便了，诱惑力也更大了。

毛泽东努力表述这种矛盾。他以当代无产阶级与资产阶级的矛盾为总纲，说资产阶级就在共产党内，大官们"比资本家还厉害"，称他们为"走资派"。

这种矛盾表现得如此普遍而强烈，中共中央在介绍四清运动典型桃园经验的文件中，专门造了一个词，称桃源村党支部为"一个反革命的两面政权"。

我们再梳理一遍上述两面性。武装教团的核心教义是推翻帝国主义、封建主义和官僚资本主义"三座大山"，建立社会主义，走向共产主义。

结果，第一，推翻封建主义，自己当了红色贵族，兼任封建地主，封建制度突出的不平等和压迫强制升级了。

第二，推翻了官僚资本主义，自己当了资本家，比资本家还厉害，可以禁止工会罢工，挥霍享受也更大方，因此更具剥削性和非法性，两极分化更严重。

第三，赶走了帝国主义，中国在第三世界采购销售，自己也被称作帝国主义。当然这是改革开放时代的后话。

第四，红色贵族兼了地主资本家，却不是真股东。皇帝、地主和资本家之类的真股东被消灭了，代理人以权谋私的传统却发扬光大了，因为代理人掌握了空前不受制约的权力。

第五，这一切都是在社会主义的旗帜下进行的，名义上是股东主人的工人农民给自己的官家代理人打工，名义上的公仆或工农代理人的官员实际成了颐指气使的主人，其不正当不合法的性质愈发刺眼。

于是，里层套娃的君臣公私阴阳脸，在中层套娃升级为革命派和反革命复辟派的阴阳脸。正面是无产阶级专政条件下继续革命的代表毛泽东，背面是"封、资、修"和"帝、修、反"在党内的代理人。如果复辟成功了，即所谓"反革命的两面政权"。

如何解决上述矛盾呢？毛泽东试图自我拯救，他开出的内服药是"斗私批修"，外敷药是文革式的群众监督。七八年重复一次。

其实，中层套娃的最大危机不在政治，而在经济。在缺乏市场和私人产权的经济体制之下，出现了大规模的资源错配和偷懒怠工，造成了普遍的贫穷。贫穷强化了物质欲望，空头政治越来越招人厌恶。毛泽东时代以阶级斗争为纲追杀资本主义，小私有却如自留地那样顽强生存，孕育着从"政治挂帅"向"闷声发大财"的转型。

三，资本权贵：外层套娃

在公有制和计划经济受挫、毛泽东的自我拯救失败后，新官家集团改弦更张，调整了武装教团的教义，转向"以经济建设为中心"，"让一部分人先富起来"，逐步从计划转向市场、官营转向民营。邓小平制止了"姓社姓资"的争论，实际上放弃了毛派教义，又宣称"坚持四项基本原则"。

武装教团的教义乱了，逐步去意识形态化了，便降格为简单粗暴的武装集团或曰权力集团。权力介入市场经济，与资本结合，造成品级产权和品级商权。随着改革开放的进展，资本和权贵的面相日益清晰，毛泽东担忧的"封资修"反革命复辟的情景果然出现了。

外层套娃的正面是资本权贵脸，但"四项基本原则"还在，毛泽东还在，只是转到了背面。背面是代表这些原则的毛泽东脸。官方对这张阴阳脸的表述是"一个中心、两个基本点"。

邓小平解决了毛泽东时代的贫穷低效问题，同时也制造了特权与资本结合的双料不平等问题。这种特权＋资本严重背离社会主义理想，近似封建主义与资本主义的杂交组合，比这种组合更不正当的是，拥有特权的权贵不是正牌贵族，而是号称公仆的代理人。于是，随着资本权贵面目的呈现，民间仇官仇富的情绪日益强烈。

2013 年之后，两面集团内部反资本的毛泽东色彩越来越浓。反腐败、打压权贵资本、限制民间资本，同时强调平等、扶贫、不忘初心、宣扬共产主义理想，毛泽东式的自我拯救有卷土重来之势。但是，这个社会的经济基础已经从农业变成了工商业。工商业是由资本集团主导的。打压资本，回归毛泽东时代，意味着大规模失业和普遍贫穷。

这是很明显的两难处境。强势反资本将导致税基崩溃，强势反西方将阻碍对中国有利的全球化和现代化进程，强调共产主义理想将吓跑主导市场经济的资本要素。如此危及权力安全，自然不能再走毛泽东的"老路"。但是，一路腐败下去，仇官仇富情绪蔓延，同样危及权力安全，恐怕要走上"邪路"。于是我们看到了毛邓两个三十年不能相互否定的强势宣告，看到了"既要……又要……"的两面诉求，看到了共产主义大旗重新挥舞然后悄然卷起，如下图所示：[1]

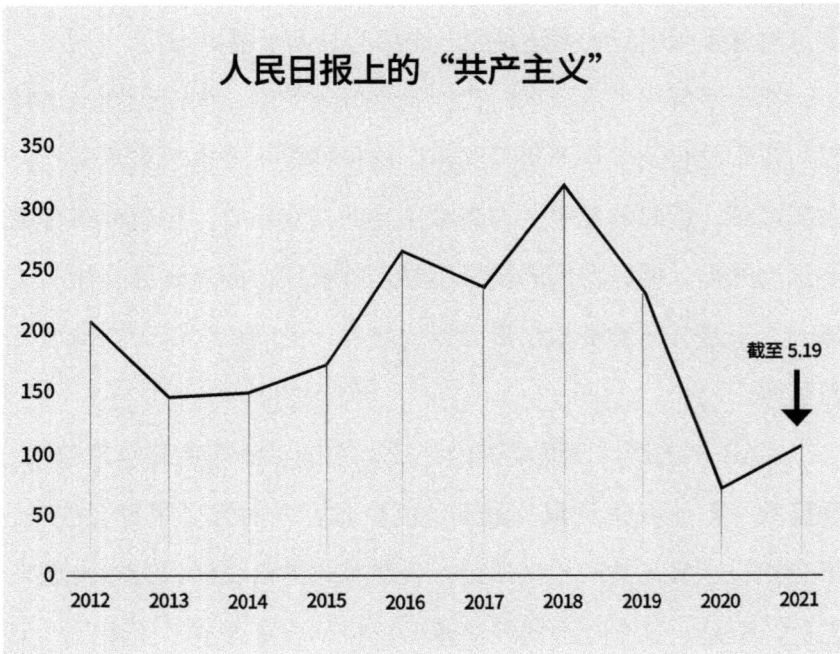

人民日报上的"共产主义"

----

1 2018 年 11 月之前，"共产主义"在人民日报上出现的频率连年上升，2018 年 12 月开始急速下降。词频统计由香港大学新闻及传媒研究中心的钱钢先生提供。拐点出现的 11 月，最高领导人在民营企业座谈会上宣布："民营企业和民营企业家是我们自己人"。共产主义大旗悄然卷起之后，"初心"的定义由实现共产主义改为"为中国人民谋幸福，为中华民族谋复兴"。对比三民主义，新旗帜缺了民权主义，可谓"两民主义"。

只要不肯改革权贵主导的官控经济，又不敢大规模消灭私人资本，就触动不了这种政治经济的深层结构——多年建构的品级市场和品级产权。

真正的问题在套娃怀揣的那把祖传宝刀，即一元独大的元权力结构。这种结构确保权力要素成为不受制约的主宰，权力要素收益最大化成为各种制度设计的核心原则。

在这种条件下，反腐和扶贫的力度无论多大，官家套娃的三层两面结构大体依旧。正面还是资本权贵，背面还是毛泽东，只能略加调节，淡化资本权贵脸，突出毛泽东脸，如李鸿章自嘲的那样暂时裱糊一新。

四，官家套娃的困境

纵观三层套娃的演化，可以看出官僚代理人地位的逐层提升。

里层套娃，官僚是代理人，但有皇帝作为主人防范他们以权谋私，如此循环稳定，维持了两千余年。

中层套娃，官僚还是代理人，但取代皇帝主人地位的无产阶级也被代理，天下无主，无法无天。文革所谓的大民主试图坐实人民的主人地位，但毛泽东在紧要关头不肯用"巴黎公社原则"取代党的一元化领导，以免民众追求经济利益抛弃社会主义，结果还是代理人说了算，头号代理人一走便人亡政息。

外层套娃，官僚代理人继续当家做主。马列教义调整后，代理权迅速转化为品级产权、品级商权和巨额财富，官僚代理人的待遇登峰造极。不过，里层套娃和中层套娃的公私矛盾、阶级矛盾和路线矛盾并未消失。头号代理人试图以毛泽东的面目延缓权力堕落，安抚仇官仇富情绪，至今仍在努力之中。

每层套娃都试图解决前者遭遇的问题，都拒绝民主宪政，都怀揣祖传的宝刀，都继承了前者中的矛盾，并形成"正反合"关系。

这里反复说宝刀，说暴力集团，说打天下坐江山，强调这个主体的利益最大化决定了演化的方向。这个说法的历史观依据，调整补充唯物史观的，就是将暴力要素引入历史选择的核心。暴力作为生存资源，在前资本主义时代，处于历史的核心地位。暴力要素的载体，和生产要素的载体一样，应该视为一个阶级，而且是可以消灭阶级、制造阶级的阶级——元阶级。

元阶级收益最大化的制度设计和经营取向，不仅与资本要素利益最大化的取向冲突，也与劳动等生产要素乃至生产集团整体利益最大化的取向冲突。这个英国在光荣革命时代已经解决的前现代问题，仍然是中国的头号问题，即所谓官民矛盾问题，打天下坐江山的暴力集团与生产集团的矛盾问题。官家集团取代地主资本家，不仅对地主资本家不利，对工人农民也不利。裁判下场踢球，只对裁判有利。但这种格局难以长期持续，比赛出不了好球队，这种赛事就会遭遇优胜劣汰的命运，裁判难免失业。

元权力的一元独大，在全球化时代的地球村里难乎为继。一超多强国际格局中的"一超"是美国，并不是中国。

在官家集团内部，祖传宝刀的传承出现了危机。打天下镇江山的宝刀一直通过世袭传承，而当代中国的武装教团，世袭不再，大小官员皆为代理人。天主教会的最高权力可以不通过世袭传承，条件是教义稳定，枢机主教也稳定。但当代中国的武装教团，教义一代一改，错杂抵牾，没有自己的圣经。武力和教义两大要素的根基不深不稳，家业难继，衣钵难传。

新官家集团的三层两面结构，暂时处于内部纠结冲突、外部调色裱糊的维持状态。这个集团纠结不清，连累整个国家身份不明，搅得世界走向难定。

第四节　两种权力，两种国家

当代国家及权力行使方式，大体可以分为两种。一种是平台型国家，一种是军队或公司型国家。

在平台型国家里，每个人、每个组织都可以有目标，但国家不可有目标。政府只能为民众提供追求各自目标的平台，维护民众追求各自目标的最佳条件，即自由秩序。这是哈耶克之类自由主义者的主张。如果元权力结构是多元的，宪政或民主，权为民所授，国家就比较容易成为自由平台。

在军队或公司型国家里，国家是阶级压迫的工具，是统治阶级追求自身目标的工具。统治集团有自己的战略目标，战略计划，为此配置各种资源，调动一切积极因素，搭班子，带队伍，定规矩，奖惩分明，碾平前进路上的一切障碍。民众为国家的目标服务，而不是相反。如果元权力是一家独大的结构，这一家又要干一番大事业，国家就比较容易成为大兵营。

在追求工业化和现代化初期，许多后进国家走上了威权道路或极权道路，把国家办成了一所军营或一家总公司。威权国家通常目标有限，工业化目标基本实现之后，便转型为平台型国家。极权国家目标远大，不甘于工业化和现代化之类的有限目标。纳粹的领土扩张失败、苏联的伟大理想破灭，才导致国家转型。在德鲁克看来，马克思主义理想的灰烬，正是纳粹和法西斯崛起的土壤。[1] 这个逻辑隐含的预言是：苏式极权主义垮台之后，可能走向民主宪政，更可能走向法西斯主义的威权国家。毛泽东也有类似看法。

威权国家可能是平台，也可能是军营，更可能处于两者之间并左右摇摆，构成两界或三界的差序格局。何去何从，在很大程度上取决于最高领导人的偏好及其政策，稳定性比较差。在广义的威权社会里，例如汉代皇权专制社会，汉文帝无为而治，与民休息，大体把帝国办成了平台。汉武帝征讨杀伐，大肆扩张，几乎把帝国办成了军营。

中国是什么国家？工业化现代化已经基本实现，权力仍在转型之中：既不放弃党国的伟大目标，又承诺建立服务型政府；既要坚持党的一元化领导，又承诺建立民主法治国家。这样一个无法逻辑自恰地说清楚自己是谁的权力，对主导原则表述矛盾错乱的权力，恰好是转型中的权力的特征——从军营式极权起点转型，尚未走到威权中间站，距离平台国家尚远，内外政策也随着领导人的改变而进退摇摆。当代中国可谓半极权半威权国家。主权者的身份标识如两面三层的官家套娃，但一家独大的元权力结构依然清晰。

1　见德鲁克《经济人的末日》第二章：群众的绝望，上海译文出版社，2015 年 7 月第 1 版

第五部分

总结和展望

8 第八章
总结提炼整合

第一节　回顾

本书开篇描述了"三刀两补"市场和"两界多层"产权的构造，并给出了残缺市场、顶残产权、品级市场和官控经济等一系列更有针对性的命名。

随后，我们追寻了这种产权和市场的品级结构从先秦演化至今的基本脉络，官控经济的演化结果呈现出三大类型。

官控经济演化的基本取向是权力收益最大化，具体算法可以归结为几个公式和几条定律。

最后，我们考察了权力自身的复杂结构和身份演变，体现为三层两面的官家套娃。

中国社会基础结构从农业到工商业的变迁、外部环境从天下一统到地球村一超多强的变迁、权力自身的纠结失据、武装教团的难乎为继，决定了当代中国市场和产权制度的不稳定和过渡性质。

第二节　提炼整合

本书提到了大大小小 11 道公式和有名有姓的 10 条定律，下边整合为一，作为总结。

一，公式整合

书中出现的第一道公式是统购统销公式，随即在盐榷和烟酒专营等更加宽泛的基础上升级为排号第二的官市公式：

官市利益 = 官市总收益 − 官市总成本。

第三个出现的是描述土地产权建构算法的皇土公式：总利益（皇土不同用法及用量）= 总收益 − 总成本。在官家"尽地力"和"尽人力"的综合考虑中，带出排号第四的皇民公式。排号第五的田主公式，站在耕者立场追求利益最大化，与官家取向对冲，相互影响成本收益。官民在互动中建构土地制度，衍生出排号第六的土改公式。

第七个出现的制产公式，给出了任意一个主权者建构或改造产权的算法，即：制产之利 = 总收益 − 总成本。于是，皇土公式和土改公式就成为制产公式在某个时代的特殊形态。

第八个出现的官家主义总公式 P−W−P'，与马克思的资本运行总公式 M−C−M' 相对应，描述了官家主义运行的根本逻辑。

皇土公式、官市公式和制产公式，只是官家主义总公式在不同领域的分身或子公式。

第九个出现的是品级产权建构公式。制产者权衡所有产权组合的成本收益，在特定的观念体系里算总账——官家集团以政治账的生死考虑为主、以经济账的贫富考虑为辅，向利益最大化（边际成本＝边际收益）的方向调整。

品级产权建构公式的算法，也适用于品级市场的建构。如"官市公式"所讨论的那样，在盐榷茶榷和统购统销的实践中，官家做着同样的成本收益计算和政策选择，即：

官市收放的边际收益／边际成本＝1。

品级产权与品级市场的建构还有连带关系。统购统销以人民公社为基础，政府指挥几个代理人，比控制千家万户农民的成本低多了。

上述九个公式，分别沿着商权和产权的路径升级整合，最后可以由第十个公式统一起来，将差序产权与差序市场的建构公式统合为"品级利权建构公式"，即：

利权边际收益（1，……N级）／利权边际成本（1，……N级）＝1

这是描述权力建构品级经济制度的算法的总公式。这是以权力要素收益最大化为取向的、全要素参与的、产权和商权在不同领域和不同主体之间如何分配的算法。

这个公式继续升级，用于解释所有社会关系领域的各种制度建构，就有了第十一个公式，品级权分建构公式，即：

权分边际收益（1,2,……N 级）/权分边际成本（1,2,……N 级）=1

二，定律整合

本书出现的第一组定律是改革开放定律，展开为改革开放三定律：自由定律、执政者衰亡定律、收放定律。

随后的"剩余权主导律"，可谓自由定律的细化和深化：自由就是在不损害他人的条件下的自作自受，少付少得，多付多得，剩余部分归己。剩余归谁这种兜底安排，其实是所有权的精髓，权利束之中其它权利单项早晚跟着它走。

再往后是所谓"穷放富收定律"。这是改革开放定律的一个特型：在经济衰败导致全面贫穷、大量人口死亡、财政危机和政权不稳的双输条件下，官方不得不改变政策排序，放权让利，用自由调动民众的生产积极性，改善经济状况，缓解统治危机。

最后是官控经济定律，展开为官控经济三定律。

官控经济第一定律，即官家必定根据自身利益最大化的原则收放调整，形塑品级式经济制度。官家集团追求利益最大化是毋庸置疑的，但这种追求受到自身管控能力的约束，也受到生产集团怠工或反抗等行为的约束。根据这些约束条件调整各种制度的边界，就有了改革开放定律。这就是说，改革开放定律不过是官控经济第一定律的特型，即从收紧到放开以实现利益最大化的那一段的表现形态。反过来说，一路收紧也是可能的，如满怀原教旨理想的王莽和毛泽东，如进入总体战状态的汉武帝。收权或放权都是追求自身利益最大化。由此可见，毛泽东的公有化和邓小平的改革开放，都在遵循同一种逻辑，这种逻辑的一般形态就是官控经济第一定律。

官控经济第二定律，强调了代理人依据自身利益对制度边界的私自改变。代理人偏离委托人的利益，追求私利最大化，应该是毋庸置疑的。至于追求到什么程度，结果如何，取决于约束条件。前边已经说到，这些条件包括君主对代理人的监控水平、民众的抵抗成本、以及官家内部各个主体之间的竞争和正负激励关系。中国古代官家集团的标准定义包括皇帝、条条块块各级官府、作为代理人的官员。各级官府有自己的部门利益或地方利益，但仍是代理人掌握的代理机构。对代理人利益的强调只是对官家集团内部各个主体细分之后各自作用的展开和补充。

官控经济第三定律，政治决定经济。从归纳的角度说，这是对上述所有定律的总结。从逻辑演绎的角度说，在暴力集团与生产集团的关系中，暴力既可以摧毁某种经济制度、整体经济乃至一切，也可以规定并保护各种权利，而权利或曰自由的安排又关乎财富创造，那么，在其它条件不变的条件下，掌握了合法暴力的政治，当然可以决定经济兴衰。

三，公式与定律整合

本书列出的 11 个公式，在经济领域最一般化的形态为品级利权建构公式，适用于政治经济社会文化各个领域的为官家主义总公式。本书提到的 10 条定律，最后归结为官控经济定律。

官家主义总公式、品级利权建构公式与官控经济定律有何关系？

官家主义总公式 P-W-P' 给出了官家集团利用经济保护并扩张权力的运行逻辑，即经济为政治服务。官控经济第一定律描述了在此过程中官家集团在经济制度建构中的行为，官控经济第二定律描述了官僚代理人在经济领域的行为，官控经济第三定律描述了这些政治行为对财富创造的影响。总公式描述逻辑关系，定律描述逻辑引出的结果。

作为官控经济定律的特型或子定律，改革开放定律和穷放富收定律，正是在官家主义社会里，官家集团为了达到权力保值升值的目的，如官家主义总公式 P-W-P' 描述的那样，对经济自由边界所做的收收放放的手段性调整。

为了追求利益最大化，在各个领域协调配合，政界的官家集团，从皇帝到各级官府再到各级官僚代理人，在追求自身利益最大化的时候，在管控经济、建构对自己最有利的经济制度并制订各种经济政策的时候，实际使用的算法，正是从皇土公式、官市公式一路升级而来的品级利权建构公式。

在各个公式的成本收益计算中，自由定律给出了经济收益的来历：自由与财富创造正相关。倘若官民利益一致，在官民共容利益的范围之内，自由定律将吸引官家放开搞活，出北入南，做大鸟笼子，分享新增自由带来的新增利益。

当然，自由达到一定程度之后，超出官民共容利益的边界，再往前走，官家集团权力受限而生产集团持续壮大，对官家反而不利。鸟可能飞走，局势可能失控，官家可能遭遇法国大革命那种来自工商集团挑战，遭遇颠覆性危机。因此，官家心目中的最佳自由度小于民众心目中的最佳自由度，官方认可的自由空间小于民众认可的自由空间。沿用前边的比喻说："官顶"低于"民顶"。在不同时期、不同局部、不同的官府和官员，都会面对最佳自由度的定位问题。官家集团内部不同主体在不同时期对此点的定位不同，因而对自由带来的成本的估值不同。

陈云在介绍统购统销好处的时候，毛泽东在批评包产到户的时候，都给出了自己对相关成本的估值，显示出自己对"官顶"的定位，即鸟笼最佳尺寸的确定。这些具体计算，自由带来的收益与成本的比较，造就了统购统销和人民公社"三级所有队为基础"制度。

总之，有了相关估值的信息，凭借品级利权建构公式、官家主义总公式和官控经济定律，我们就可以解释甚至预测品级式经济制度的大致轮廓。

第三节　官控经济定律与经济增长理论

亚当·斯密认为，分工和专业化的发展是经济增长的源泉。市场越大，分工和专业化程度越高。在市场这只"看不见的手"的安排下，最有动机参与分工和专业化的是私人企业。这就是关于经济增长的古典经济学理论。[1]有了这套斯密式增长机制，蒸汽机－电动机－核反应堆等等就有了需求者和投资者。一旦技术发明的供给者出现，社会制度之外的条件凑够了，工业化和现代化就诞生了。[2]

科斯提出了交易费用的概念，据此划出市场和企业组织的边界，发展出新制度经济学。

杨小凯把古典经济学和新制度经济学结合起来，说分工程度由交易费用的大小决定（分工带来的收益，必须大于交易费用，否则分工就无利可图，就不会发生）。交易费用的大小，又由产权界定及合约执行决定。[3]于是，产权、市场和法律制度及交易费用对分工和生产力演进的意义就清晰得可以计算了。[4]这就是新兴

1　杨小凯 张永生：《新兴古典经济学和超边际分析》，第 8 页，中国人民大学出版社，2000 年 8 月第 1 版

2　这也是麦克法兰在《现代世界的诞生》一书中表述的基本观点，世纪出版集团，2013 年 8 月第 1 版

3　杨小凯 张永生：《新兴古典经济学和超边际分析》，第 161 页

4　同上，第 16 页

古典经济学解释经济增长的理论框架。

在这个理论框架中，插入权力要素（枪杆子和笔杆子，即暴力要素和观念要素）及其主导建构的品级产权和品级商权，即符合官控经济定律的制度建构，我们就可以看到，法酬（权力收益）最大化取向的各种制度安排，从盐榷到统购统销，从王庄到国企，从圈地到土改，从顶残市场到顶残产权，权力要素的介入，可以像拦路收费那样提高市场上的交易成本，也可以像入户打劫那样侵犯产权边界。倘若出现经济纠纷，官家裁决可能出现的对公正的偏离，进一步提高了上述成本。

这类交易费用或制度成本越高，阻遏分工并抑制生产的作用越大。对市场和产权的损害突破某条底线之后，经济就会崩溃，王朝随之垮塌。此时流寇横行，土匪遍地，交易成本无限大，产权无限小，人们退据险地，结寨自保。暴力集团则争抢地盘，在地盘内既提供保护又适度掠夺，建构最有利于自己的制度，兴衰循环再次开始。

反之，一旦生产集团成为主权者和制产者，暴力集团被驯化为保安，斯密式增长便可能进入良性循环。英国光荣革命之后不到百年，这个世界上就出现了这样一条陡然而起的长期经济增长曲线。

倘若暴力集团足够开明，容许生产要素向高效使用者流转，如"和平演变模型"所描述的那样，开明期内也会形成斯密式增长的良性循环。但这种增长很难强劲持久，不仅遭遇品级利权的压制，还会遭遇王朝崩溃的反复清零，如此形成了崩溃与重建的一级波动和收紧与放开的二级波动，拉出一条基本平走的中式曲线。

英式曲线与中式曲线大体并行至 1840 年，碰撞然后交织，资本总公式 M–C–M' 与官家总公式 P–W–P' 互动合化，中式增长曲线跟随变形。试图影响曲线走势的各种力量先后登场，利权边界左右摆动，至今未定。不过，左侧的底线及其灾害已经探明，支持市场和私人产权的共识已经形成。英式权力转型虽然难产，斯密所说的经济发展的制度大限并未达到，如果不人为设限的话，斯密式增长仍是可以期待的。

第四节　人类学视角的回顾

以上总结采用了经济学术语。如果我们采用人类学术语，把人类看作一个努力适应环境的物种，那么，上述画面便呈现为这个物种的"外部适应"和"内部适应"。

外部适应指物种与自然环境的关系。人类社会有一套采集渔猎、务农务工、生产流通、分工合作的环境适应机制。内部适应指社会整体之内受到控制的人际关系。[1] 每个社会都有社会整合的主导力量和主导原则，即所谓"主义"。官控经济就是官家集团主导建构的与经济有关的内外适应机制。这种官家主义经济体制迫使生产集团服从权力集团的利益，因此捆绑限制了生产集团的手脚，束缚了他们创造财富的能力，损害了人类社会的外部适应能力。

物种与环境的关系问题，从环境获取生存资源即创造财富问题，毕竟是物种级别的一级问题。内部适应和财富分配只是物种内部各个社会集团权益占比的二级问题。官家集团不同于资本集团，不是财富的直接创造者，他们追求自身利益最大化，将自身利益凌驾于财富创造之上，将主次颠倒了。资本主义制度由财富

1　关于内外适应的定义，参见拉德克利夫·布朗：《安达曼岛人》，梁粤译，第3页，广西师大出版社，2005年12月第1版

创造集团主导，纠正了官家主义的主次颠倒。

随着欧洲资本主义闯入中国，大一统帝国又遭遇了全球国际社会范围内的适应问题。中华小天下的内部适应，不得不服从全球化国际社会的内部适应。人类社会的内部适应，又不得不服从外部适应。资本主义显示出更好的外部适应能力，但中国资本家很弱小，官家很强大。中国的官家集团试图在官家主导的内部适应的小框架内完成现代化，学习引进欧美的先进技术和经济制度，同时保护官家集团的主导地位，建构了顶残的产权和商权制度，即所谓鸟笼经济。

这种制度的容量如何，在外部适应的竞争中能否超越欧美体制，国际国内的内部适应是否良好，这场历史剧正在我们面前展开。全剧的终极悬念是：谁来"主义"？谁把谁关入鸟笼？

9 第九章
危机与展望：官家主义政治经济学

第一节 三种经济及经济学

借鉴马克斯·韦伯的理想类型分析法，我们可以假设有三种类型的经济。一是纯市场经济，新古典经济学对此的描述已成经典。二是纯计划经济，全社会好比一个大公司、大农场或大兵营，斯大林版本的社会主义政治经济学努力描述了这种经济的基本结构和运行方式，看起来好像国家总公司的经营管理指南。三是两种经济不同比例的混合体，或由官家主导，或由民间主导。官家主导的混合经济，其结构和运行方式，应该是官家主义政治经济学的研究对象，西方经济学历史学派－制度学派的研究可为借鉴。至于民众主导的混合经济，公共选择学派和凯恩斯学派早有深入讨论

对比纯市场范式，官家主义政治经济学的特点是：在市场经济的消费与供给之间，在消费者和生产者之间，在需求与供给之

间，特别关注一只巨大的看得见的手：官家集团的手。

官家是一个手脚齐全的独立主体，既能进入市场也能跳出市场，既能利用市场也能取缔市场。进入并利用市场时，官办企业、官办农场，加入供给方，也通过大规模的集团消费或职务消费加入需求方。跳出市场时，可以自产自用，还可以设卡、征税、垄断、立法定规、设立各种经济禁区，直至消灭市场经济。

这个集团的所作所为，严重扭曲了市场的常规运行。如果这个集团高居于社会契约关系之上，凭借暴力支配社会，并且在市场扭曲中获得了特权利益，这种扭曲就更难纠正。官家如何扭曲市场，扭曲的后果是什么，利弊如何，纠正弊端的条件是什么，应该是当代官家主义政治经济学关注的主题。

第二节　双料过剩危机

一，产能过剩

此时此刻，2024 年 10 月，中国经济出现了严重的产能过剩问题。生产过剩，消费不足，企业倒闭，失业增加。数十年来，中国官家以赶超欧美为历史使命，"先治坡、后治窝"，"先生产、后生活"，农民收入和工人工资长期被非市场手段压低，由此形成的积累和投资在官家主导下持续扩大。官家在市场供求之间截留的大笔财富，投向官家需要而民众未必需要之处，同时也用于官家自身的扩张。

改革开放后，市场经济蓬勃发展，但官家仍旧处处插手，兼用行政手段和市场手段增加积累。中国的 GDP 长期高速增长，而居民人均可支配收入占人均 GDP 的比重长期徘徊在 40%-50% 之间。例如 2023 年，占比仅为 43.9%。对比 2023 年的美国，居民人均可支配收入占到人均 GDP 的 73.8%。在美国，高于 70% 是长期现象，2020 年闹疫情，比例竟高达 81.4%。

中国 44%，美国 74%，两者之间约 30% 的差距，大体可以解释中国民众为何难以消化他们生产的各种产品，为何出现了严重的产能过剩。

不仅如此。2023 年，在 GDP 占比仅 44% 的人均可支配收入之中，中国居民的工资性收入占比为 56.2%（与此并列，经营净收入占 16.7%，财产净收入占 8.6%），而同年美国居民的工资性收入在人均可支配收入中的占比为 70.4%（个体经营者收入占 9.1%，个人租金和财产收入占 22.7%）。按照国家统计局的分类，工资性收入和经营净收入都属于劳动收入，2022 年中国城乡居民的劳动收入为 37.72 万亿人民币，占该年 GDP 总额 120.47 万亿元的 31.3%。中国劳动者的购买能力还不到 GDP 蛋糕总量的三分之一。

实际上，2022 年中国社会消费品零售总额约 44 万亿，在 120 万亿的 GDP 中占比不到 37%，这是财产净收入和养老金之类转移净收入也加入消费之后的数字，各类富人的消费也包含在内。作为对比，这一比例在美国约为 70%，在发展中国家巴西为 64%，印度为 61%。

二，官家主义经济危机 + 资本主义经济危机

我们眼前的生产过剩危机，似乎是自由资本主义和斯大林式社会主义两种类型经济危机的叠加。

在"集中力量办大事"方面，官家主义一向具有"举国体制"的优势。"大事"可以是战争，可以是基础设施建设，可以是各种社会、文化、政治和经济"运动"。"大跃进"、"大干快上"，不过度投入，不痛感得不偿失，这些运动就不会止步。官家办大

事早有"过剩"的传统。

如官控经济第一定律所述，官家凭借各种管控手段追求自身利益最大化，总要走过头了再回调。我们看到，官家集团"集中力量办大事"，将巨量资源投向工业化、产业升级和基础设施建设。在此过程中，如官控经济第二定律所述，相关权力的代理人可以获得更多的权力和利益，潜规则及受益集团可以顺势扩张，为此他们不惜重复建设和反复拆建，强化第一定律所述的过头趋势。第一定律认为官家集团在整体利益的激励下将造成一次过剩，第二定律认为代理人在私利的激励下将造成二次过剩。

两条定律在当代中国发挥作用的结果之一，就是基础设施建设之类的公共工程遍地开花和突飞猛进。在"先官后民"的价值排序中，政治第一，经济"先生产、后生活"，资源大量投向国防、科技、工业和农业现代化，也投向外交，投向"维稳"，扩大强化监控体系。由此不仅压缩了官家集团及其定义的"大事"之外的投资和收入，还透支了未来，欠下巨额债务。等到官家投资收益递减乃至成为负数，产品严重过剩，还贷困难之时，官家主义经济危机现身了。如果把官家集团比做一家大公司，官家主义经济危机主要体现为财政危机，投资回报不足，债台高筑，入不敷出。官家集团深度介入经济，又债务累累拖欠不还，成为头号"老赖"，拖垮了众多民企，加重了经济危机。

改革开放之后，从乡镇企业、个体户到外资企业，民间企业和私人资本在市场中迅速成长，生产效率大幅度提高。从老三件、新三件到住房和汽车，以 2021 年左右的房价掉头为标志，消费迭代升级大体完成，而且以按揭贷款的方式透支了未来。产品滞销，生产能力严重过剩，经典的资本主义生产过剩危机也现身了。

官家主义的传统根基是农业和农民，生产能力有限，不存在生产过剩危机。毛泽东时代官办一切，效率低下，生产和投资领域的主要问题是短缺，又称"短缺经济"，也不存在过剩危机。邓小平改革开放好比刘晏变法，将盐业全面官营的四大环节向民间开放三环，调动了商家积极性。官商联手，借工业化和新科技之势，迅速将短缺性的卖方市场扭转为过剩性的买方市场，同时也为官营企业和事业提供了资金和需求。这就是官家主义经济危机和资本主义经济危机联袂现身的历史和制度背景。

第三节　危机就是约束

民间资本和市场经济的迅猛发展，制造了繁荣，也制造了两极分化之类的副产品。资本和官家集团的广泛结合，还制造了权钱交易和大面积腐败之类的副产品，进一步加深了两极分化。两大副产品引发了仇官仇富情绪，不利于官家统治，反腐和扶贫运动应运而生。这种危机引发的回调，可以看作官家集团在约束条件下的自我修正。

随着民间资本的崛起，官家集团开始防范英国光荣革命和法国大革命在中国重演。按照第一定律所述惯例，也必定过度打压，导致民间资本外逃和顺势躺平，增加了失业，减少了税收，破坏了盈利预期，抑制了供给端的创新和升级。政治危机的传统处置方式强化了经济和财政危机，传统之路走不下去了。调整意识形态，说民营企业家是自己人，强化自我约束，也可以看作官家集团在约束条件下的自我修正。

正在发生的双料产能过剩危机将引出什么结果？

我不知道有哪个国家遭遇过中国面对的双料危机，不知道该向哪段历史请教。即使能找到答案的线索，在这个重大科技创新密集问世乃至奇点即将来临的时代，历史答案恐怕也不再可靠。解决问题只能依靠已知的逻辑。

解决生产过剩危机的已知逻辑是：提高劳动收入在 GDP 中的占比，提高劳动大众的消费能力。

中金公司《中国财富报告 2023》显示，中国拥有财富总量为 790 万亿。财富总量居世界第二。其中，国有财富总额为 360 万亿，占比约 45%。其余为私有财富，430 万亿，占比 55%。据报告分析，430 万亿私有财富按照富裕、中产和普通老百姓进行划分，约占总人口 0.33% 的 460 万人拥有约 290 万亿，超过私人财富三分之二，人均财富超过 6300 万元。约有近 1 亿人被划归中产阶层，拥有约 110 万亿财富，占私人财富总量的四分之一，人均约 110 万元。其余 13 亿普通民众拥有剩下的 30 万亿财富，人均 2.3 万元。13 亿民众的存量财富如此之低，前边说到劳动收入在 GDP 中仅占比 31.3%，比例又如此之小，中国民众自然不可能消费他们创造的巨额财富。尽管他们依然贫穷，需求增长的潜力还很巨大。

如何把官家的存量财富转化为公民的财富，如何调整新增财富的流向，例如调整土地所有权和转让权并改变财产性收益的流向，大规模减少官家收入而增加普通民众的收入，大幅度提高劳动收入在 GDP 中的比重，从逻辑上看，应该是解决双料经济危机的合理方向。

官家集团为了救经济，为了保基本民生、保工资、保运转，因而也为了自保自救，到底可以走多远？可以压缩自身利益到什么程度？可以向民间让渡多少权利和利益？如果真成功了，如果双料过剩危机如此缓解了，官家与民众双赢了，是否意味着：官家主义体制可以在双料危机的约束下自我调整，逐步向民众主导的体制转型？在权力'（P'）可能变成负数的约束条件下，官家主义的 P-W-P'（权力－财富－权力'）总公式可能改写吗？再加上国际市场"去中国化"的压力呢？

2024 年 10 月修订

官家主义：中国历史模型及其推演

开场白

在中国，关于中国历史，有两种流行的话语体系及其叙事方式。一种是官方的，官方依据唯物史观，在马列主义话语体系里，讲述我们从哪里来，我们是谁，我们往哪里去，如封建主义－官僚资本主义－社会主义。另外一种是西方的，在自由主义话语体系里，讲述中国从哪里来，中国是谁，中国往哪里去，例如威权社会－极权社会－后极权社会。

我今天想介绍这两种体系之外的看法，我自己关于中国历史的看法。我依据血酬史观，讲述我们从哪里来，往哪里去，我们目前到底是谁。

血酬是我杜撰的概念。所谓血酬，就是暴力要素的回报，好比地租是土地要素的回报，工资是劳动要素的回报。在暴力要素与各种生产要素的关系中，暴力要素拥有否决权，选择并建构自身利益最大化的制度。依据这种血酬史观，考察中国历史上的十几个朝代的兴亡，我建立了一个官家主义模型。这个模型，按照中国传统的官民分类，描述官家主义的基本结构、平均寿命和三大死因。

今天要介绍的就是这个模型。分六个部分，第一，官家主义及其兴亡模型。第二，官家主义的由来。第三，官家主义的演化史，顺便讨论当代中国社会的性质。第四，官家主义演化的基本逻辑。第五，官家主义在世界史上的地位，中央集权专制主义的东亚特型。第六，模型推演，我用官家主义模型，比照核心结构，讨论当代中国体制面对的危机，未来可能的出路。

诸位不妨把我的见解看作来自中国民间的自我反省——在我们是谁，我们从哪里来，往哪里去的问题上，中国民间自我认识的一个样本。在官方和西方的主流话语体系之外，中国民间的见解多种多样，我的观点只是其中之一。

1，官家主义兴亡模型

1.1 什么是官家主义

官家主义是我对秦汉以来中国社会性质的命名。根据中国十几个朝代的共同点和兴衰变化，我做了一个官家主义模型，基本结构好比天安门，上下两层。下层是砖石结构的城台，好比民。上层是木结构城楼，好比官。城楼有重檐琉璃瓦大顶，好比皇帝。如下图：

这个官／民结构，来自中国古人常用社会分类。这里关于官／民的定义，也采用了古汉语的定义。

（1）官家释义：在古汉语中，包含三个主体：皇帝、衙门、官员代理人。

（2）民在中国传统中的分类：士农工商。

（3）主义释义：特定的社会制度，即某某主导的规则体系。

在官家集团之内，皇帝主导，立王法。

衙门主导，立部门法规和地方法规（部门利益法制化）。

官员个人主导，作为皇帝的代理人，建立潜规则（官员利益潜规则化）。

无论这三个主体之间如何争夺，主导并确认规则的，始终是这个官家集团。所以叫官家主义。

这个新概念来自对当代官方说法的不满。

中国官方教科书把秦汉之后的社会称为封建主义。但是历代公认：秦始皇废封建立郡县。封建制度与郡县制有什么区别呢？如果把封建制度比喻为商会制度，众多小老板公推一个会长，那么，秦朝的郡县制就是独家垄断公司，一个暴力垄断的大公司吞并了所有小公司。现在的人不会混淆商会和垄断公司这两种商业组织，我们也不该混淆这两种社会政治制度。

为了区分开郡县制和封建制，又不好把郡县制称为地方政府主导一切的郡县主义，我就杜撰了"官家主义"。

官家主义如同垄断公司，所有权大一统，掌握在皇帝手里。占有权和使用权与所有权分开，掌握在代理人手里。

1.2 政体的寿命和死因

根据中国历史上十几个王朝的兴亡，我们可以发现一些共同点：

（1）官家主义政体的大一统王朝，平均寿命在 160 年左右。

官家主义的终结类型及其比例

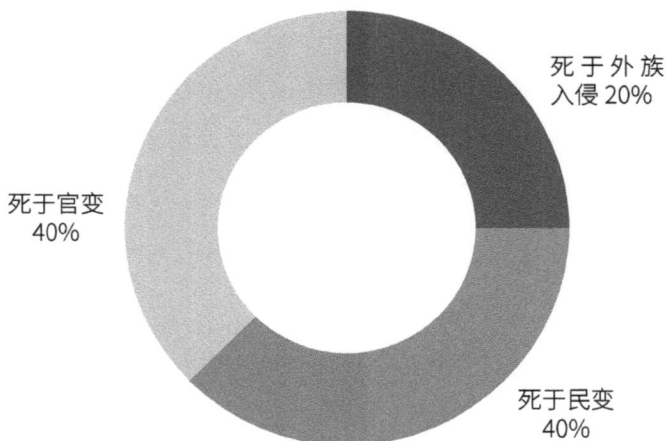

死于外族入侵 20%

死于官变 40%

死于民变 40%

（2）三种死因

第一死于民变。比例约 40% 多。如陈胜吴广，朱元璋李自成。

民变条件：造反收益＞造反成本。如此形成连锁反应。

第二死于官变。比例和民变差不多，40% 左右。如王莽篡汉，曹操篡汉，赵匡胤黄袍加身，袁世凯逼清帝退位。

官变条件：背叛收益＞背叛成本。如此形成连锁反应。

第三死于外敌入侵，比例在 10-20%。如元灭南宋，满清入主中原。

外变条件：入侵收益＞入侵成本。

（3）三种死因往往交织在一起，而且不同死因相互支持。例如民变可能引发官变，民变和官变可能引发外敌入侵。如此形成联动反应。但总有一个主导因素，谁发难，谁主导，谁受益，我分类的根据就是这种主导因素。

1.3 死因交错

通常，前朝的死因，不会成为本朝的死因。这大体是一条规律。因为建国者比较注意汲取前朝失败的教训。

如秦朝官逼民反，汉代就轻徭薄赋。魏晋门阀世族架空皇帝，隋唐就尝试科举取士，削弱贵族。唐朝藩镇割据，宋代就强干弱枝，严控军队。

大陆的国民党政权，被共产党领导的农民造反所推翻，因此，本朝熟悉各种民间的对抗策略，对异己力量严防死守，露头就打。对农民则多有优惠，取消农业税费，扶贫，建立社保体系等等。生怕重蹈国民党的覆辙。

按照这个规律，本朝大概率不会死于民变。主要危险应该是官变。

2，官家主义的由来

2.1 坐江山的暴力集团＋代理人

官家主义是怎么来的？从秦汉到明清，所有王朝，都是通过武力打天下建立的。那些官变的王朝，也是凭借武力逼官上位的。

一个暴力团伙，打天下坐江山之后，论功行赏，封王封侯，然后，皇帝通常让那些跟他一起打天下的将领退居二线当股东。这些将领擅长打仗，敢造反，却不擅长断案征税、处理公文。于是我们就看到了狡兔死走狗烹，杯酒释兵权、科举考试这一系列历史故事。

这就好比皇帝当了董事长，创业股东退出管理，聘用许多有 MBA 资格的代理人管理公司。官家主义就是这么来的。

2.2 元阶级：决定阶级的阶级

官家集团掌握的核心资源就是暴力资源，是暴力要素，而不是生产要素。官家集团主要凭借暴力资源控制并分配生产要素及其它资源，立法定规，维持秩序。

这个暴力集团是一个阶级吗？从亚当·斯密到马克思列宁，阶级都是根据生产要素定义的。拥有资本要素的是资产阶级，拥有土地要素的是地主阶级，拥有劳动要素的是无产阶级。那么，拥有暴力要素的是不是一个阶级？

如果我们扩展阶级的定义，把重要生存资源的拥有者定义为一个阶级，就像把凭借土地吃地租的那群人定义为地主阶级一样，凭借暴力资源打天下坐江山的官家集团就可以视为一个阶级。毛泽东说他治下出现了"官僚主义者阶级"。在中国，我们看到这个阶级可以消灭地主资产阶级，也可以"让一部分人先富起来"，培育出一个资产阶级。官家集团是一个可以消灭或制造阶级的阶级，堪称"元阶级"。

这种历史观，不同于经济决定论的唯物史观，把暴力要素看作历史演化中具有否决权的要素，我的一位朋友称之为血酬史观。血酬史观与唯物史观的主要区别，就是引进了暴力要素和暴力集团，并据此定义和划分阶级。这就是支持官家主义模型的历史哲学基础。

3，官家主义演化史：当代中国社会的性质

3.1 从封建—官家主义到资本—官家主义

毛泽东有一句诗："百代都行秦政制"，即从两千多年前的秦朝到他建立共产党政权，中国政治体制其实都是秦制。秦制就是郡县制，即官家主义制度。如果把秦制看作官家主义的标准型，官家主义制度还有许多亚型。

汉初：封建－官家主义。一半王国，一半郡县。

东汉魏晋：世族－官家主义。两汉魏晋通过察举制推荐官员，官员们相互推举后代，从官一代到官二代，代代相传，形成许多门

阀世族，他们垄断权力，架空皇帝。

唐宋明清：地主－官家主义，隋唐总结前朝的经验教训，改行科举制，开辟了平民子弟在官场的上升通道，形成了耕读传家的乡绅，取代了门阀世族。

插曲：外族入侵，外来部族与汉族原来的科举官员共同执政。元代的官家－部族主义，或清代的部族－官家主义。

毛泽东时代：工农－官家主义，干部取代了地主资本家，直接管理到每个工人农民。这是官家主义的极权形态。

当代：我称之为资本－官家主义。私人资本主导经济，官家集团主导政治，经济为政治服务。

3.2 当代中国各种命名比较

（1）中国特色社会主义

这是官方对当代中国社会的命名。所谓中国特色，主要指摆脱了苏联模式，有了市场经济和民营企业。所谓社会主义，核心特征是坚持党的领导。于是有下列等式：

中国特色社会主义＝市场（资本）＋党的领导（官家）＝资本官家主义

（2）权贵资本主义

这是在国内知识分子圈子里广泛流行的概念。"权贵资本主义"来自英文"Crony capitalism"，又译作裙带资本主义或朋党资本主义。这个概念比中国特色社会主义更精确。

问题在于，权贵资本主义，到底是谁"主义"？这个偏正词组的定语是权贵，中心词是资本主义。当代中国，到底是资本主导，还是权贵主导？如果是权贵主导，官家主导，那么，这个偏正词组就应该改为资本权贵主义。

即：权贵资本主义＝资本权贵主义＝资本官家主义

（3）国家资本主义

这个说法在西方比较流行。但国家资本主义有欧美定义和列宁主义定义，两个定义的中心词不同。

欧美定义：资本主导，国家辅助，中心词是资本。列宁主义定义：国家主导，资本辅助，中心词是国家。按照列宁主义的定义，准确的称呼应该是资本－国家主义。国家又是谁？在人民主权实现之前，国家是官家的。即：

国家资本主义（列宁版）＝资本国家主义＝资本官家主义

3.3 核心结构稳定不变：暴力集团及其代理人＋民众

总之，官家主义一直在演进变形，打天下坐江山的暴力集团的统治方式一直在演化，以克服内部难题，适应外部环境。不过，以暴力要素为核心的皇权尚未完成向人民主权的转型。

4，官家主义演化的基本逻辑

4.1 官家主义第一定律：全面管控直到得不偿失

官家集团通过建构或扩张管控制度追求利益最大化，尽管这种追求受到各种约束。

观念管控制度：在先秦百家之中，法家主张严刑厉法，比较集权。道家主张无为而治，比较自由。儒家主张"德主刑辅"，比较中庸。汉武帝罢黜百家、独尊儒术（前 134 年）。然后，通过儒家经典考试选拔官员，建立激励机制，建构出士农工商四民中的士阶层。再通过文字狱建立惩戒机制。这就是中国的观念管控体系。

政治管控制度：废封建立郡县控制贵族，以文驭武控制武官，监察制度控制文官。

经济管控制度：通过均田制建立以自耕农为主体的经济。通过盐铁茶酒专卖和外贸特许经营，控制了主要商品贸易，建构出品级式特权市场。

社会管控制度：通过编户齐民抑制豪强。通过里甲制度管控编户齐民。

上述制度建构的历史事实，与哈耶克所谓的"自发秩序"恰好相反，属于人造秩序，更准确地说，属于官造秩序。

这种建构的基本逻辑是：只要管控的收益大于成本，就加强管控，直到边际成本等于边际收益，即达到利益最大化的位置。

以经济管控为例。

假定初始状态是市场经济，如汉朝的盐铁市场。官方发现利益巨大，便独家垄断，官方定价，自产自销。抓获民间产销者一律"钛左趾"。这种故事，历史上在盐、铁、茶、酒和对外贸易领域一再重复。当代的土地、金融和能源市场也在重复类似的故事。

上述故事的含义是：只要取代或扭曲市场的收益大于成本，权力介入就会发生。这就是官控经济定律。生产、运输和销售的每个环节都会发生成本收益计算，例如食盐零售环节，如果官方垄断的收益不如放给特许商人，官方就会这个环节退让一步。

官家不仅管控盐铁。如果合算，官家也种田，不合算就会分田，将官田私有化。合算就收权，国有化。不合算就放权，私有化。产权和市场权利一概如此。

从这个角度看，马克思所谓的亚细亚生产方式，就是坐江山的暴力集团认为合算，深度介入了农业和工商业领域。在官家看来，从种田制盐到修路治水，和修建长城等国防工程一样，都要根据利害计算决定。公与私、官与民的边界，也由利害计算决定。亚细亚生产方式是由官控经济定律决定的：权力一直在建构最有利于自己的市场、产权和全套经济制度，生产方式对权力的建构是第二位的。至于亚细亚生产方式为何出现在亚洲而不在西欧，这个问题等同于官家主义第一定律为何是官家主义体制的特有定律，官家主义体制与西欧的绝对主义体制区别何在，以及为何有此区别。这个问题将在讨论"官家主义的世界史地位"时回答。

官控经济、政治、社会、观念，都遵循这套官家利益最大化的逻辑，我把这种制度建构的底层逻辑统称为"官控定律"。这是官家主义第一定律。

4.2 官家主义第二定律：潜规则及其受益集团扩张

在上述制度建构的背面，皇亲国戚、条条块块和各级官僚代理人一直在追求自己的小集团和代理人利益，形成了各个级别的潜规则。

以 1558 年明代淳安县的驿站负担为例。

驿站是官办官用的邮局兼旅馆兼运输队，费用和劳役由当地民众承担。淳安县约有 3700 个男丁，按照官方的正式规定，每丁每年应当支付驿站费用约 0.25 两白银。当时的淳安知县、著名清官海瑞，努力减轻农民负担，达到了这条标准。按照他的说法，这个标准已经偏高了，更合理的标准应该是 0.025 两银子。但是，在他上任之前，每年每丁的实际负担高达三四两。0.025 两是理想状态的合理规则，0.25 两是官方宣布的正式规则，三四两是现实生活中真正管用的潜规则。由此可见，在驿站费用领域，潜规则发挥的作用是正式规则的十几倍。潜规则的实施者和受益者还形成了新的社会集团，例如法定编制外的衙役，他们的数量往往达到法定数字的六七倍。潜规则的作用数倍于正式规则的作用，在历史上很常见。

潜规则是对中央集权专制制度的利用、扭曲和瓦解。潜规则的受益集团与潜规则相互支持，逐步扩张，吏治日趋腐败，日益背离初始建构。这是官家主义第二定律。

4.3 官家主义第三定律：政治决定经济

官家主义第一第二定律描述了官家集团公开和私下的行为。暴力集团及其代理人对政治和经济利益最大化的追求，决定了生产集团的处境，因而决定了经济的兴衰。政治决定经济，这就是官家主义第三定律。

从衰亡的角度说，权力越蛮横，掠夺率越高，限制越多，自由空间的天花板越低，经济越萧条。暴力不能创造经济繁荣和发展，但很容易毁掉繁荣并限制发展。

从兴盛的角度说，大一统武力可以维护经济发展和繁荣所需的和平自由环境，而财富创造的自由空间越大，天花板越高，各生产要素多劳多得的保障越可靠，所创造的财富越多。自由与财富创造正相关。

中国的官家集团知道如何调动生产集团创造财富的积极性，但给生产集团自由超过一定程度，必定减少某些权力的收益。例如取消盐铁专营必定减少汉武帝时代的官家收益，放开盐业运销环节必定减少该环节官吏的代理人私利。官家集团对自身利益最大化的追求，限定了自由的空间和经济发展的空间。

4.4 官家主义第四定律：治乱循环

上述两个趋势并行——权力既不受民众制约，代理人又悄然摆脱最高权力和正式规则的制约，经过一两百年的演化，渐渐头重脚轻，官民失衡。这就是暴力集团与生产集团的关系失衡，好比食肉动物与食草动物比例失衡。

再加上人口增加，出现马尔萨斯灾难，或者遭遇气候恶化，游牧民族入侵，官变＋民变＋外变，官家主义秩序总会走向崩溃，天下大乱。然后，新的暴力集团打天下坐江山，总结前朝经验教训，重建官家主义秩序，开始一轮新的治乱循环。

这套逻辑，我称之为官家主义第四定律——治乱循环定律。

5，官家主义的世界史地位

5.1 从西到东的三大特型

欧亚大陆上普遍出现了中央集权专制主义。中央集权政体都有强大的常备军和官僚代理人系统，但存在一些次级差异，特别是一元化程度的差异。依据这种差异，中央集权专制体制可以分出三大特型。

从西到东，这三大特型的名字分别是：绝对主义，专制主义，官家主义。

绝对主义社会是四元的，专制主义在二三元之间。官家主义大一统，一元化程度最高。总之，越往东，一元化程度越高。

5.2 绝对主义(absolutism)：内部四元

绝对主义位于欧亚大陆西端的欧洲境内，如太阳王路易十四（1661–1715执政）时代的法国。绝对主义外有列强环绕，内有四大势力。

第一，君主。核心资源是常备军和官僚集团。

第二，教会。如强大且独立的国际性天主教会。教士还出任官员。

第三，武装贵族。欧洲封建贵族拥有足以自保的武装力量。进入绝对主义之后，面对国王，贵族仍有足以自保的权利和权力。

第四，在自治市镇中发展起来的工商集团。自治市镇有自己行会商会和城市议会，有自己的武装力量。在封建体制中，自治市镇相当于封建贵族。

君权虽是内部整合的主导力量，但国内三大势力的独立性很强，通常有国际背景，还能联手自卫，君主难以强制，被迫协商。教会、贵族、工商业市民阶层，以等级会议的形式进入政权，征税必须经过他们同意。因此，绝对主义内部四元之间大体也是契约关系。

除了内部的四元，还有外部诸多列强长期稳定的存在，并逐渐形成了列强之间的契约关系，这种国际条约对君主有强大的约束力。

在这种多元结构之中，君主被迫在比较大的程度上尊重契约，如此就有了王在法下的可能。

5.3 专制主义（despotism）：内部三元

专制主义是欧亚大陆中部地带的大国政体，例如奥斯曼、波斯和莫卧儿帝国，俄国有时也在其中。专制主义外有列强，内有三大势力。

第一，专制君主。核心资源是常备军和官僚集团。

第二，伊斯兰教团。莫卧儿帝国不仅要面对伊斯兰教，还要面对印度教和锡克教及其强大的武力和动员力。

第三，武装贵族。奥斯曼有采邑骑兵——西帕希。莫卧儿有曼萨布达尔和扎吉达尔。

与外部列强的契约关系，对君主也有强大的约束力。

对比绝对主义的四元，专制政体内部缺少自治市镇，也无等级会议。

俄国的光谱比较宽，在不同时代有不同的政体。1570 年诺夫哥罗德遭伊凡雷帝洗劫之前，有绝对主义与专制主义对峙的态势。此后专制的一元化程度继续提升，一元化的程度越来越高，越来越接近官家主义的"北制"。

5.4 官家主义大一统

现在我们拿中国的官家主义对比一下欧洲的绝对主义和欧亚大陆中部的专制主义。

首先，在外部环境方面，在国际关系方面，秦吞并六国之后，周边已无文明程度近似的敌手。中国北方游牧民族或以部落形态存在，或以国家形态存在，即使以国家形态存在且武力强大，在文明程度上，中原王朝也以蛮夷视之。官家主义理想的国际秩序是所谓"天下朝贡体系"，这是一种不平等的半契约关系。

其次，在国内关系方面，秦朝废封建、立郡县，无武装贵族。焚书坑儒，以吏为师，无独立教会。编户齐民、重农抑商，无自治市镇。国内的独立三元几乎被官家收编了，君主"全面专政"，不必再和谁协商。

对比欧洲，在中国的官家主义体制中，君权凭借武力整合一切并高居于社会之上，除了代理人也不必与任何人分享权力，真正实现了一元化，中国传统谓之"大一统"。大一统之下，最多有外部的半元存在，这半元还刺激出常备军作为内外镇压的工具。

5.5 官家主义的地理人文基础

官家主义建基于中国特有的地理和人文环境之上。

地理环境特点，一是西部高原和沙漠弱化了西来武力威胁，也弱化了东西文化交流，形成了相对封闭的东亚环境。二是黄河长江流域交通比较方便，降低了征服和统治成本，两大冲击平原的资源也足以撑起一个鹤立鸡群的大国。三是北方游牧民族近乎常备军性质的机动武力，刺激形成了北方农业地带常备军性质的大规模武力，对抗升级，好比军备竞赛。这种一面受敌态势造就了一个武力中心，不同于欧洲四面受敌形成的武力多中心状态，决定了欧亚大陆两端不同的元权力格局。

人文环境特点，一是"书同文"，统治成本比较低。二是无独立教权。欧洲和西亚至南亚的教权能与王权分庭抗礼，"枪杆子"与"笔杆子"分家，教权拥有足以自卫的武力，还可以与不同的王权合作。因此，欧洲多元化的元权力结构进一步分化，统一难度大增。中国则反之。

上述地理人文环境的差别，决定了建构和维持大一统体制的成本和收益不同。在中国，君主才具较高即可重建大一统。在欧洲，拿破仑式的天才也难以成功。

6，模型推演：当代官家主义的古今中外对比

6.1 官变比较：皇帝没了，等级会议来了

（1）官家集团三大主体，第一大变化就是皇帝没了，最大的既得利益者的最大利益无法世袭了。那么，最高权力传承规则是什么？共产党一直是接班人制度，但接班人经常出事，上台后也经常大幅

度修改过去的政策，并不能继承前辈的遗志并保护前辈的利益。

如果诸位掌握了最高权力，又不能传给自己的儿子，你怎么趋利避害，追求自身利益最大化？第一要考虑安全，第二是争取青史留名。

按照苏联、东欧和台湾的转型经验，这个办法就是民选总统，既安全，又能青史留名。只要执政党主动转型，给反对党活动的时间不超过一年，执政党推出的候选人一定当选，当选后还可以像叶利钦那样选一个普京，所以是安全的。这种转型合乎宪法和党章规定的原则，符合世界历史潮流和主流价值观，因此还可以改善国际关系，赢得后人的赞颂。

这种个人收益最大化的激励，始终存在于最高权力传承的过程中。一旦实施，官家主义就转型为民主政体。

（2）官家集团的第二大主体是条条块块各级衙门。这个领域的变化，是出现了人大、政协和党代会，相当于绝对主义政体下的等级会议。他们平时被讥为橡皮图章，但是在危机时刻，在最高权力控制力下降的时候，他们很可能转变成钢印。在苏联东欧转型期和1989年的中国，都出现过这种事实或动向。有了这种可能，流血内战的风险下降，转型的概率就上升了。

（3）作为官家集团的第三大主体，作为既得利益者，官员代理人通常支持这个体制。但与历代有两点不同。第一，民主法治价值观取代了儒家价值观，官员支持专制体制只是机会主义选择。第二，如果最高层像斯大林和毛泽东那样搞大清洗，损害实际利益，机会主义者就会支持宪政民主，支持限制最高权力。

6.2 民变比较：工商和知识集团取代农民

（1）工商集团，资产阶级，很容易转移资产或躺平不投资。知识分子拥有人力资本，转移或躺平更容易，知识经济却越来越重要。对资本和知识只能协商，一强制就消失逃散了。因此当代的"士"和"商"的政治权利近似绝对主义之下市镇的自由民。虽然没有武力，但凭着逃亡和躺平能力进入了等级会议。

最近十余年，民企投资增长率一降再降。每次降到低点，都会逼出新一轮让步。政府反复给民企吃"定心丸"。这种规律提示了官家权力和平转型的可能，好比英国光荣革命前后的下议院。

（2）对比过去，农民的重要性下降，取消农业税之后，农民对中央政府的满意度大幅度提高，温饱无虞，再加上官民之间武力差值巨大，当代农民造反基本不可能。

6.3 外变比较：从游牧部落到工业化文明

（1）以前相对落后的游牧民族骚扰，已经被工业化的西方工商文明入侵取代。中国与西方交往日益密切。官家主义的外部环境改变了。

（2）西方的观念要素和经济要素已经深入中国，改变了中国。中国内部已经生长发育出新式知识分子和资产阶级，政治领域也出现了等级会议或议会之类的西方要素，对官家主义大一统体制形成内外联手夹击之势。这是历朝未见的新态势。

（3）美国主导的自由秩序，取代了天下朝贡体系。

6.4 总结

前边说到绝对主义的基础结构是四元，东方专制主义是三元，官家主义是大一统。这种一元化结构决定了历代王朝治乱循环的命运：40% 死于官变，40% 死于民变，20% 死于外敌入侵。

经过对比，我们看到：当代资本－官家主义的基础结构，已经和绝对主义一样四元化了。外有优势文明环绕，内有难以强制的资本和知识分子集团，还有了等级会议，党政官员和第三等级在名义上甚至拥有最高权力。整合主导官家主义秩序的世袭皇权却消失了。

结构性的变化，决定了外变、民变和官变的风险大增，官家主义的命运不容乐观，也无法给出国内外各界认可的意识形态愿景。

但是，凭借枪杆子和笔杆子，凭借各种新技术，官家集团依然有实力维持自己的体制，并且一再强调并努力发挥举国体制提供公共物品和兴建公共工程的效率和优势。

中国的转型和自我重构仍处于自我挣扎、自我纠结的状态。中国到底是谁，我们到底是谁，短期内仍是一个悬念。

（本文是作者 2023 年 11 月在德国海德堡大学演讲的讲稿，收入本书时略有增删）

壹嘉·读道书系

存 001　傅国涌
《去留之间：1949年中国知识分子的选择》

存 002　傅国涌
《一报一馆一大学：中国转型的是非成败1897-1949》

存 003　野　夫
《故交半零落》

存 004　吴　思
《顶残：中国市场和产权的构造及逻辑》

存 005　刘志琴　王学泰　王毅／采访　王建勋／整理
《李慎之口述往事》

存 006　秦　晖
《"娜拉出走以后"：中国女权的世纪反思》

壹嘉出版　×　读道社

联合出版

www.ingramcontent.com/pod-product-compliance
Ingram Content Group UK Ltd.
Pitfield, Milton Keynes, MK11 3LW, UK
UKHW040826030725
6704UKWH00014B/368

9 781966 814054